# 新时代中学德育工作创新研究

张志良◎著

吉林人民出版社

**图书在版编目 (CIP) 数据**

新时代中学德育工作创新研究 / 张志良著 . —— 长春：
吉林人民出版社 , 2020.11
ISBN 978-7-206-17807-8

Ⅰ . ①新… Ⅱ . ①张… Ⅲ . ①中学－德育工作－研究
Ⅳ . ① G631

中国版本图书馆 CIP 数据核字 (2020) 第 234804 号

**新时代中学德育工作创新研究**

XINSHIDAI ZHONGXUE DEYU GONGZUO CHUANGXIN YANJIU

著　者：张志良
责任编辑：金　鑫　　　　　　　封面设计：金　莹
吉林人民出版社出版 发行（长春市人民大街 7548 号）　邮政编码：130022
印　　刷：定州启航印刷有限公司
开　　本：710mm × 1000mm　　　　　1/16
印　　张：8　　　　　　　　　字　　数：140 千字
标准书号：ISBN 978-7-206-17807-8
版　　次：2020 年 11 月第 1 版　　印　　次：2020 年 11 月第 1 次印刷
定　　价：35.00 元

如发现印装质量问题，影响阅读，请与印刷厂联系调换。

# 前　言

　　德育工作是学校教育的重要组成部分，受到社会各界的广泛关注。中学生正处于思想观念形成的重要时期，社会中存在的不良风气和不良思想都有可能动摇学生的理想信念，甚至误导学生步入歧途。而在新时代中学德育工作的价值取向、教育方法等均发生了不同程度的变化。但中学德育还存在与心理教育缺乏紧密结合、教育评价合理性不足等问题，这在一定程度上制约了中学德育教学发展。

　　因此，学校和教师需要在新时代下积极开展中学德育教育，并主动对其进行创新，从而拉近学生和德育教学之间的距离，使学生能够形成健康向上的思想信念和价值观，实现身心全面健康发展。广大教师在新时代背景下开展中学德育教学时，还需要结合实际情况对教育理念、教育内容、教育手段等方面进行创新，尽可能地站在学生的角度思考和看待问题，从而帮助学生实现身心全面健康发展。

　　本书内容全面而翔实。首先，总述新时代中学德育的基本内涵、理论述略、现状与对策；其次，系统阐明中学德育课程内容构建与渗透创新、中学德育课程改革与实践、中学德育管理发展创新、中学德育教学评价体系构建创新与新时代德育一体化实践研究的相关内容；最后，附录部分介绍了君华国际学校"君子文化体系"的德育模式构建概况，包括君华国际学校简介、君子文化基本内涵、项目启动仪式和构建方案、学生作品展示等内容。

　　本书在撰写过程中有幸得到了校领导和众多专家的指导、支持、帮助和鼓励，在此向他们一并表示最诚挚的感谢！书中不足之处，恳请广大读者给予批评和指正。

# 目 录

# 第一章　中学德育概述

## 第一节　德育概述

### 一、德育教学的概念界定

#### （一）德育的概念界定

德育就是道德教育的简称，其"德"指称道德，为历史形成的含义；"育"的重点在于培育。德育就是对于人的道德的培育，学校德育则是培养学生良好道德品质和道德行为的教育。

德育是整个教育系统当中十分重要的一个组成部分，它和智育、体育、美育等相互并列，共同构成了教育的有机体，并且通常来说它是整个素质教育体系当中最重要的组成部分，是其他教育形式不能够替代的。德育工作可以说是整个教育工作的基础和保障，是整个教育工作的灵魂。不断地加强和改善德育工作，是社会主义精神文明建设的需要，是促进中学生健康成长的需要，也是提高教育工作质量的需要，更是教育工作者的责任与使命。

随着时代的变迁和社会的发展与进步，德育的概念自身也发生了深刻的变化。关于德育的概念，其自身有着很多不同的表述方式。如德育是教育者按照一定的阶级要求，对学生进行的有目的、有计划、全面、综合的，对学生世界观、价值观以及思想道德品质素质的综合锻炼。它是实现教育全面化发展的重要保障，也是内在要求。德育通过教学工作者的实施，把一定的社会思想和道德及时地转化为有着强烈特征的意识形态，它是教育体系当中十分重要的组成部分。德育是具有目的性、针对性、有计划、有组织地对个体进行的意识宣传活动，它能够引导群体的活动走向，使人们能够活得更有价值、更有意义，使人们能够向着更好、更善的地方发展。

我们国家在实际的教育工作中，遵循的是"大德育"的观念，整个德育工作自身就是一个内容繁多的系统，其内部包括有思想教育、政治教育、道德教育、心理健康教育等，每一种教育形式单独区分却又相互关联、相互制约，有其自身独特的内涵。在德育工作中，思想教育和道德教育是核心内容，而对学生的思想政治教育则是根本和保障，从多个方面相互联系，互为一体。

### （二）德育教学的概念界定

德育教学的概念，在不同时代、不同国家或地区是不一样的。中国称道德教育，现代西方国家有的称道德教育，有的称公民教育，也有的称为政治教育。但是，对德育教学概念定义的不同只是反映在德育的内容和要求上有所侧重和倾斜，并不能由此而否定德育教学所包括的主要内容，把德育教学简单归结为其中的某一种。认为德育教学就是道德教育或是公民教育等，都是对德育教学片面的理解。

德育教学有广义和狭义之分。广义的德育教学指所有有目的、有计划地对社会成员在政治、思想与道德等方面施加影响的活动，包括社会德育、社区德育、学校德育和家庭德育等方面。狭义的德育教学专指学校德育教学。学校德育教学是指教育者按照一定的社会或阶级要求，有目的、有计划、有系统地对受教学者开展思想、政治和道德等方面的教育，受教育者通过积极的认识、体验与践行形成一定社会与阶级所需要的品德的教育活动，即教育者有目的地培养受教育者品德的活动。

道德教育与学校德育教学的关系错综复杂。道德教育就其重要性来说，是整个社会秩序正常进行的必要依据，因而其是一种社会责任。学生是社会的一个群体，社会具有对其进行道德教育的义务，学生的道德发展也主要是在社会活动中得到认知与形成。同时，学生的活动范围主要发生在学校，所得价值体系及行为观念更多来源于书本及教师的间接经验，这使得学校成为学生接受德育的主要渠道，德育课程成为其德育价值体系形成的主要方式。

德育是学校教育的所有教育行为的灵魂所在，对学校、教师及学生的行为具有价值指向的作用，它是学校教学目标的最高追求。在中国传统教育中，德育一直是学校教育最为注重的地方，《孟子·滕文公上》就强调"学则三代共之，皆所以明人伦也。"这其中的"人伦"便是获得公众认可的道德体系。在学校德育教学中，中学德育因为针对对象为处在知识体系建构及性格形成关键时期的青少年，因而具有更为关键的作用，可以说是学校德育工作最为重要的阶段。

## 二、德育的性质

德育是各个社会阶层共有的教育现象，具有社会性，与人类社会共始终。德育随着社会发展变化而发展变化，具有历史性。德育在各阶级和民族存在的社会具有阶级性和民族性。在德育历史发展过程中，其原理、原则、内容、方法等存在一定的共同性，因此德育具有继承性。德育是对学生思想、政治、道德和心理品质进行的教育。思想教育是培养学生形成一定的世界观、人生观的教育。政治教育是使学生形成一定的政治观念、信念和政治信仰的教育。道德教育即促进学生道德发展的教育。可以说我国德育教育是一种涵盖整个社会意识形态的"大德育"。然而品德的发展，世界观、人生观的形成，政治觉悟的提高各属于不同层面的问题，其过程机制相差甚大，不能以一样的手段、方法，通过一样的途径，遵循一样的原则来实施政治教育、思想教育和道德教育。

## 三、中国德育的发展历程

中国德育具有悠久的历史。春秋战国时期，注重礼仪规范的儒家便提倡"德"的教育，通过"性善论""以德服人"等道德教育的观念。这个时期，德育实现的方式之一是通过个人主动认知与统治阶级的宣传，另一种方式则是知识持有者以招收弟子的方式宣传，配合以家庭为单位的宗法式道德体系，为学校式道德教育的规范化发展奠定了基础。

秦汉直至盛唐时期，道德教育也开始进入制度化阶段，以血缘为纽带组成的宗法式等级社会以儒家思想为核心，以"修身、齐家、治国、平天下"的传统儒家思想，使其成为基本道德守则，达到规范人们道德思想的目的。青少年主要通过私塾与家庭礼法相配合的形式接受道德思想的教育。

宋朝作为中国封建思想的高度成熟期，尤其重视对于人们的道德观念的教育。在继承的基础上，朱熹等对儒家思想进行了进一步的补充与发展，使其成为新的具有规范性的社会思想——理学。因为宋朝文教政策的极度推行，在教育受到重视、私塾等得到发展的同时，大规模地对读书人思想进行进一步强化的国立教育机构成立，青少年接受道德教育的方式也更为多样化。

明清时期，封建制度逐步走向衰落，对于思想的控制进一步加强，程朱理学进一步强化，礼仪规范制度增多，文字狱等控制思想的事件频频发生，社会及个人对于道德的认知进入偏激的阶段。这一时期，对于青少年及知识分子进行德育的主要方式仍旧是封建私塾机构及宗法式家庭教育。同时，"西学东渐"风气开始盛行，西方道德教育思想及模式开始进入中国。

清末民初，中国的传统德育方式不能满足社会需求，德育开始发生转变，取而代之的是追逐自由平等、要求个人权利的新的社会道德跟随社会变革而形成。学生在进入学校接受知识的同时，道德观念也在同步革新。

整体来看，中国传统德育中，主要的教育模式以私塾教育为主、结合宗法制家庭教育，德育内容具有以儒家思想为核心、强调集体主义、注重纲常伦理、强调自省等特点。

中华人民共和国成立后，德育工作开始进入社会主义发展阶段，教育目标及教育方式都出现了变化。改革开放后，随着世界各种经济的发展、全球一体化程度的不断加深及科学信息技术的飞速发展，社会发展进入新的阶段，德育工作也随之呈现出新的特点。

在推进素质教育的过程中，教育者更加重视德育工作，德育对不同阶段的学生都具有重要的引导作用。我国的德育工作正在积极融入学生的日常生活中。德育包含着不同的德育理念，这些理念都是对以往教育的反思和对社会发展的需要。随着不断有学者对德育工作进行深入研究，我国德育工作正向着多元化方向发展。

# 第二节　中学德育工作的作用与价值

## 一、中学德育工作对社会发展的作用与价值

### （一）社会作用与价值

中学生在成长过程中，逐渐学会在政治意识、行为规范、价值标准和理想信念等方面采用社会已经确定的标准来衡量、约束自己，使自己内化这些标准并让自身的道德观念和社会保持一致，形成一定的社会意识、态度和情感，并外化为自己的社会行为模式。中学德育工作除了向中学生传授德育理论知识外，更重要的是引导他们参与国家社会生活，掌握社会相关规范，明确自身的权利和义务，及早适应社会生活环境，为中国特色社会主义事业培养合格建设者和可靠接班人。

### （二）文化作用与价值

中学德育不仅是一种教育内容，也是一个教育过程。在飞速发展的信息化时代，影响人们的信息是多源的、复杂的、变化的，其中有的有用，有的无用，有的甚至是有害的。这就要求中学德育工作不仅要向中学生提供规范的、正确的信息，更重要的培养辨别和分析各种信息的方法和能力。因此，中学德育工作通过对中学生的马克思主义教育、社会主义教育、社会主义道德规范的培养，在传播中国特色社会主义先进文化方面可发挥重要作用。

中学德育大力倡导现代文化观念，培养创新意识，弘扬创新精神，鼓励大胆开拓，与时俱进，为文化创新营造了一个良好的氛围。中学德育强调对主旋律教育、宣传社会正能量，创建良好的文化融合与交流，有利于促进社会主义文化的发展。

## 二、中学德育工作对中学生自身成长的作用与价值

中学生正处在青春期，其心理与思想观念变化较大，很多学生不能抵挡外

界诱惑，导致在成长过程中养成不良行为习惯。在教育体制改革过程中，除了应该帮助学生掌握丰富的科学文化知识外，更应该加强对学生的德育工作，实现对中学生的正面引导，使其树立正确的世界观、人生观和价值观。这具有十分重要的作用与价值。

### （一）有利于促进学生自我意识发展

在中学生成长过程中，自我意识发展具有重要意义，尤其是在中学的关键阶段，加强学生对自我的客观评价与认知的培养，树立健康、积极的人格，使其顺利融入学校与社会生活当中，更是具有十分重要的意义。在多元化发展的趋势下，学生意识形态会受到多方面因素影响，而中学生由于心智尚未成熟，辨别是非的能力不足，因此容易受到不良信息的毒害，导致其思想观念出现偏差。而德育工作的开展，则在引导学生自我意识健康发展方面具有至关重要的作用。随着物质生活水平的提升，中学生在生活中面临的艰辛越来越少，尤其是在家长与学校的保护下，学生容易出现盲目乐观的心态。当他们走向社会后，会难以抵挡诸多诱惑，导致不当行为的发生。在开展德育工作时，以培养学生判断力为重点，帮助学生正确看待社会与生活中的种种现象，培养正确的价值观念。

### （二）有利于增强学生抗打击能力

中学生面临较大的学习压力，在成长中难免会遇到各种各样的挫折与困难，如果缺乏较强的抗打击能力，中学生容易在挫折当中迷失自我。尤其是很多学生的心理较为脆弱，在遭受打击时难以振作起来，导致其生活与学习受到极大影响。在德育当中增强学生的抗打击能力，使其正确看待生活与学习中困难的有效途径，同时也能够为学生走向社会奠定坚实基础。教师在德育教学过程中通过案例分析等途径，帮助学生增强迎难而上的信心，走出内心的困境；通过名人故事会活动讲述伟大人物在成功道路上是如何克服困难，帮助学生增强意志力，在打击面前坚定自我信念，正确看待自身与学校、社会之间的关系。

### （三）有利于培养学生直面挑战的决心

每一个人在成长中都要面临诸多挑战，如果在挑战面前步步退缩，将会限制个人成长与发展。尤其是对于中学生而言，在面临较大的考试压力与升学压力时容易出现情绪崩溃的现象。通过德育的实施，能够帮助学生正确看待生活与学习中的成败，帮助学生从失败中总结经验与教训，坚定直面挑战的决心，促进自我不断发展。随着社会竞争的加剧，德育工作的重点应引导学生消除内心的自卑感，在学习和生活中增强自身综合能力。

### （四）有利于与家庭教育有效融合

中学生德育与家庭教育的有效融合，是增强教育工作效果的关键途径。一方面，教师通过加强与学生家长的交流与沟通，了解学生在家庭中的表现及遇到的问题，可增强德育工作的针对性，防止教育盲区的出现。另一方面，教师向家长传播先进的德育理念，帮助家长掌握正确的教育方法，防止学生出现逆反心理。同时，家长可有意识地避免过度溺爱子女，与学校形成教育合力，共同培养学生的独立人格，使其能自主解决生活与学习中遇到的问题。

# 第三节 新时代中学德育工作的目标

## 一、开展爱国主义、民族精神教育

习近平总书记十分重视对青少年进行爱国主义和民族精神教育，将爱国看作一个人的素质的基本内涵。进行爱国主义教育，一方面可以让青少年学生继承和发扬爱国主义传统，另一方面可以增强学生对国家的责任感和使命感，自觉地将个人的发展与祖国的命运结合起来。习近平总书记指出："要把爱国主义教育贯穿国民教育和精神文明建设全过程。要深化爱国主义教育研究和爱国主义精神阐释，不断丰富教育内容、创新教育载体、增强教育效果……要结合弘扬和践行社会主义核心价值观，在广大青少年中开展深入、持久、生动的爱国主义宣传教育，让爱国主义精神在广大青少年心中牢牢扎根，让广大青少年培养爱国之情、砥砺强国之志、实践报国之行，让爱国主义精神代代相传、发扬光大。"①

## 二、加强理想信念和社会主义核心价值观教育

在改革开放深入发展和文化多元化的背景下，青少年学生受到各种各样价值观念的影响，由于这些价值观念存在着良莠不齐的问题，引导青少年学生坚定理想信念就成为学校德育的一项迫切任务。要把理想信念与培育和践行社会主义核心价值观紧密联系起来，积极倡导社会主义核心价值观。对一个民族、一个国家来说，最持久、最深层的力量是全社会共同认可的核心价值观，任何社会发展的主要动力和价值导向也都是核心价值观。因此，中学德育工作要让学生把社会主义核心价值观的基本内容熟记熟背，让它们融化在心灵里、铭刻在脑子中。在成长过程中，要结合学习和生活等实践，不断思考所记住的这些要求，不断加深理解。

---

① 习近平.大力弘扬伟大爱国主义精神，为实现中国梦提供精神支柱[N].人民日报，2015-12-31（01）.

### 三、中华优秀传统文化教育

中华民族历史绵延五千多年，形成了博大精深的中华文化。中华优秀传统文化中蕴含着丰富的人生哲理和道德修养的内容，其中，所倡导的许多价值理念和道德规范，至今仍然具有重要的时代价值。习近平总书记非常重视中华优秀传统文化的传承和发展，而青少年代表着中华民族的未来，教育青少年学生学习、弘扬和发展中华优秀传统文化，意义更加深远。习近平总书记指出："要讲清楚中华优秀传统文化的历史渊源、发展脉络、基本走向，讲清楚中华文化的独特创造、价值理念、鲜明特色，增强文化自信和价值观自信。要认真汲取中华优秀传统文化的思想精华和道德精髓，大力弘扬以爱国主义为核心的民族精神和以改革创新为核心的时代精神，深入挖掘和阐发中华优秀传统文化讲仁爱、重民本、守诚信、崇正义、尚和合、求大同的时代价值，使中华优秀传统文化成为涵养社会主义核心价值观的重要源泉。"

# 第四节　新时代中学德育的演变

## 一、德育的目标

2005 年，教育部对大中小学的德育目标进行修改，其中规定了中学教育阶段的德育目标："教育帮助中学生初步形成为建设中国特色社会主义而努力学习的思想，树立民族自尊心、自信心、自豪感；逐步形成公民意识、法律意识、科学意识以及诚实正直、积极进取、自立自强、坚毅勇敢等心理品质，养成良好的社会公德和遵纪守法的行为习惯。中等职业学校还要帮助学生树立爱岗敬业精神和正确的职业理想。"①这次德育目标的改革，完善了德育目标的层次化需求，将包括建设共产主义理想及个人理想等不同目标纳入学校德育教育的范畴中，是在现实基础上发展起来的新时期德育目标。

2020 年，教育部、中组部、中宣部等八部门联合印发的《关于加快构建高校思想政治工作体系的意见》指出"以立德树人为根本，以理想信念教育为核心，以培育和践行社会主义核心价值观为主线"，明确目标任务"健全立德树人体制机制，把立德树人融入思想道德、文化知识、社会实践教育各环节"，可见德育教育已经将提升学生整体思想素质作为重要工作，并注重理论与实践相结合。在此背景下，注重对于个人价值的追求及教育人文性的关怀，这要求学校德育目标具有特殊性，能够显著区别于全民德育教育，同时需要对学生的发展进行价值限定，即"根据教育主体的需求，限定受教育者在某些方面得以发展（如身体与心理的、知识技能与思想品格的），同时又使人的大部分'潜能'不处于'荒芜'状态"。这需要充分考虑人的性格形成期限定，人的思维限定及潜能限定，在进行德育目标制订时，考虑社会背景、经济基础及不同时代的人类心理素质具有显著的针对性与人文性。

---

① 《教育部关于整体规划大中小学德育体系的意见》（教社政 [2005]11 号）

## 二、教学方法的创新

### （一）由"教"向"导"的转变

在传统的中学教育阶段德育观念中，课程的重点往往在于"教"，其教学方法通常是将德育观念"传"给学生。而现代中学教育对德育的要求不仅仅在于知识、技能的传授和对学生特定思维模式的培养，其育人的作用更为显著。现代中学教育阶段德育目标旨在使学生具备做人的原则与方法，并通过了解学生的思想品德发展情况来解决学生在生活、学习中遇到的问题，这在很大程度上需要通过"导"来实现，因此中学德育教学方法也需要从"教育"变为"导育"。

传统中学德育教学强调教师的教，以"知识即美德"为理论基础，无论理论还是实践环节，注重的均是知识与技能的传授，主要通过口耳相传的形式，口头讲解和诠释知识，帮助学生构建系统的知识体系。在新时代，中学德育目标包含情感、态度、价值观、性格、行为、能力等诸多方面，只依靠传统德育"教"的方式是无法实现的。这要求教师介入学生日常的学习及生活，以实际问题为切入点，进行"导"，从而使学生自主分析、比较、反思、讨论，在实践中形成更为系统全面的道德观念。由此可见，"导育"能够克服传统中学教育阶段德育模式的不足。

现代中学德育教学中，导育主要具有疏导、引导、指导、劝导、领导、督导、辅导、因势利导等不同的形式，因而导育的实施需要教师根据实际需要灵活转换自身角色，树立导育意识并形成相应的导育能力，不断在实际教学活动中提高导育水平。可以说，导育理念的提出与实施是对传统德育教学方式的改进，同时也是对教育理念及教育工作者教学能力的一次挑战。在新课改背景下的中学德育教学方式中，导育成为一种居于主要地位的教学模式。

### （二）由思维向实践的转变

传统德育注重思维方式的培养，其实质是一种思维教育。这样的教育模式具有两个明显的特征，一是将发展学生的思维能力（道德判断能力、价值观评价能力、道德选择能力）作为德的主要目标；二是德育过程中的各种活动主要围绕学生道德思维活动展开，德育过程成为道德思维过程。这种现象除了在我国德育过程中出现以外，西方德育中也很普遍。西方价值澄清理论等西方教育理论普遍认为，德育过程应该强调思维活动及思维能力的培养。在此德育理念的影响之下，德育如果过于强调思维模式的建立而忽视实践，可能导致知行脱离。

随着新的德育目标的提出与新时代对于青少年品德言行的要求，中学德育要走出传统的思维理论的定式，通过实践指导学生理解"德行""德知"。

### 三、人文观念的增强

教育本身是人对人的活动，具有以人为本的基本要求。人文观念作为现代社会主要思想观念之一，强调的是人的主体性作用以及对人的关怀，是社会进步带来的思想观念转变及个体地位提高的表现。现代德育注重人文观念，并在教育过程中强调人文关怀。如马斯洛教育理论主张"人成为目的本身"，教育的目的在于充分开发学生的潜能，完成学生实现自我的目的，在完成自我完善的同时形成高尚的、利于社会国家的人。罗杰斯也将自我实现作为教育的根本目标，强调通过教育实现个人丰富多彩的、富于意义的生命价值。有教育学家在关注德育的基础上提出，现代德育不应过多模仿数学教学方式，过分强调知识的学习，而忽视了学生内心的感受与需要。学校的主要工作是关心我们的孩子，学校教育不仅要教育孩子的能力，而且要关心他们，教育的目的是培养有能力的、关心的、爱人的和能够爱的人。

现代德育应注重人文关怀的理论基础与现实需求，为新时代中学德育工作的有效开展提供动力。基于此，众多中学纷纷改革德育方式和方法，以保证德育中渗透人文观念，发挥学生在德育中的主体性作用。

# 第二章 新时代中学德育工作的理论述略

## 第一节 新时代中学德育工作开展的原则与策略

### 一、新时代中学德育工作开展的原则

党的十九大报告指出："要全面贯彻党的教育方针，落实立德树人根本任务，发展素质教育，推进教育公平，培养德智体美全面发展的社会主义建设者和接班人。"[①] 为进一步加强和改进学校德育工作，必须坚持以下几点。

#### （一）以人为本原则

教育的人性特征要求教育中必须坚持以人为本原则，德育作为教育的一种，具备培养人类思想素质与道德情操的基本特征。

坚持以人为本原则，首先，需要教育管理者认识到以人为本的重要性，根据事实需要调整德育方式与目标，保证德育过程中对于人的关注，对于人文精神的重视。其次，需要教师在教育过程中认识到人本精神的重要性，发挥自身的德育主导地位，在教学过程中做到保证教学质量的同时，做到不断提高自身思想水平与文化修养。最后，需要认识到人本原则中学生的重要性，坚持一切以学生为本，确保德育工作能够解决学生生活中的实际问题，满足学生思想发展的需要。

---

① 习近平.决胜全面建成小康社会夺取新时代中国特色社会主义伟大胜利——在中国共产党第十九次全国代表大会上的报告[M].北京：人民出版社，2017：45.

### （二）说服性原则

坚持说服性原则要求班主任和任课教师，在日常的班级管理和课堂教学中，深入开展长期细致的德育工作，把思想政治教育、品德教育、纪律教育、法治教育作为德育工作长期坚持的重点，坚持不懈地宣传引导教育学生形成坚持正确的政治方向，树立崇高而远大的理想，坚定爱国主义、集体主义和社会主义的思想觉悟，具有社会公德、纪律观念、法治意识、尊老爱幼、爱护公物、讲究卫生、热爱劳动等优良品质。

同时，要教育学生树立正确的学习目标，端正学习态度，有强烈的求知欲和浓厚的学习兴趣、顽强的学习精神，养成自觉勤奋学习的习惯；要针对学生表现出来的学习目的不明确、缺乏理想动力、学习态度不端正、学习方法不正确等问题，采取各种方式方法给予具体的指导和帮助。

### （三）宣传性原则

坚持宣传性原则，要充分利用校会、班会、课外活动等学生集会时间，开展爱国主义教育、理想教育、社会公德教育等为主题的演讲会、辩论会；召开时事政策、国情教育、革命传统教育、法治教育报告会、心理健康教育座谈讨论会、德育工作先进组织和个人表彰会以及相关理论学习竞赛等活动；德育工作先进组织和个人表彰会以及举办理论学习竞赛等活动；开辟校园广播站或校园网，每天按时向学生播放新闻节目，内容主要是时事政治、好人好事、遵纪守法、校园动态等；定期举办墙报、黑板报、手抄报，制作德育宣传橱窗，出版校报、校刊；定期给学生上党课、团课；开展五四青年节、七一建党节、十一国庆节等节日庆祝活动，以及清明节到烈士陵园祭扫革命先烈活动；也可以组织学生参观爱国主义教育基地，观看爱国主义和革命传统教育影视作品，观看崇尚科学文明、反对迷信愚昧图片展等活动。

### （四）实践性原则

坚持实践性原则，一要切实开展各种课外实践活动。各学科应开展学科活动小组、科技活动小组、文体活动小组等各种兴趣活动；不同学科要举办各种专题讲座或学科知识竞赛，如语文可举办作文竞赛、普通话比赛、诗歌朗诵会，思想品德课可举办政治小论文比赛，物理、化学、生物可开展小实验、小制作、小发明等活动，音乐可举行歌咏比赛、合唱比赛联欢、庆祝活动，体育可举办学校田径运动会、各种球类比赛、长跑比赛、广播操比赛或体育专项训练及各种体育锻炼，美术可举办美术、绘画、书法、摄影作品展。此外，还可以组织学生参加修建校园、布置校园环境、进行校园卫生大扫除等校园劳动。

二要切实开展各种校外实践活动。学校政教处、团委、班主任，要号召学生积极参加各种劳动活动，如从修理、洗衣、做饭、打扫卫生等家务劳动，参加工业、农业、商业、服务业的各种生产劳动，开展植树造林、街头服务、环境卫生等各种社会公益活动。

### （五）示范性原则

坚持示范性原则要求利用古今中外的名人、英雄、模范等人物示范力量和激励作用，开展各种教育活动，如利用课余时间或节假日，阅读名人传记，观看反映名人、英雄可歌可泣事迹的纪录片，开展"我最喜欢的十句名言""我最佩服的十位名人"等交流活动。

通过示范性教育活动，使学生正确树立榜样、英雄，激发学生对榜样、英雄的敬仰之情，使学生主动、自觉地贴近自己崇拜的榜样、英雄，从而全面提高学生的、思想道德和心理素质形成正确的价值观。此外，还可以通过开展表彰奖励优秀团员、优秀学生干部、各种活动积极分子、学习纪律卫生标兵等活动，激励学生的进取心，用学生身边的榜样来影响教育学生。

## 二、新时代中学德育工作开展的策略

建立中学生德育工作体系，在德育策略的选取中，需要根据实际情况考虑，必要时可以采取多种策略结合的方式，以保证德育工作目标的实现。

### （一）情感意识策略

道德的意义在于协调社会中的人际关系，为人们营造出融洽、和谐的社会环境。因此，道德是人类社会中不可缺少的意识情感和思想品质，贯穿于人们成长的每一阶段。意识先于理性存在，具有比理想更为重要的指导言行的作用。情感表达是人们进行沟通的主要方式，在理性决定人们的行动之前，首先起作用的是情感态度。道德、情感与意识的关联模式表明情感意识对于建立道德思想的重要性。

以意识策略进行德育，需要从几方面入手。首先，建立正确的价值体系。现代社会具有价值观多元化的特点，在矛盾、冲突的价值观念中，教师需要指导学生正确认识自己的价值，明确自己的理想与目标，并对于社会主要价值观念有大概的掌握，能够辨别正确与错误的价值观念，能够在自我选择中保持价值观念与社会需求的统一。其次，训练学生移情能力。移情的训练，主要通过同类事件比较法及访谈与相互访谈法达到目的，此外同学之间互相合作及对案例结果进行预测的方式等，也能很好的应用移情策略培养学生的德育思想。最后，意识策略的运用需要充分重视讨论的作用，在德育中给予学生讨论的时间与自由，加强学生对于道德的感情认知。

### （二）模拟策略

模拟策略指在德育过程中，通过场景设置及角色扮演的方式，设定具体情境及人物身份，使参与者能够切身体会其中的感情与行事模式，并得到一定的经验教训，为以后行事做参考。模拟策略与道德实践的建立具有密切的关系，中学德育可以通过模拟的方式，为德育课程设定具体场景，如以助人为乐为主题的品德教育，既可以通过设定帮助与被帮助者的角色使同学参与其间，又可以体会到需要帮助的迫切感和帮助他人的快乐。

在场景再现及角色扮演中，能够进行换位思考，对于青少年的道德判断、场景决策及同情心的培养具有重要的激发作用。

### （三）概念策略

概念策略侧重关注人们在思考和推理时所使用的概念。概念是人们生活在社会中，对于社会事物在集体认知情境下产生的具体概念的理解，如权利、责任等概念，通过对其定义的阐述及扩散性与渗透性的道德方面的解释，帮助青少年从道德的角度认识这些概念下的具体行为模式。

概念策略的应用，需要注意两点。第一，需要客观地教授各种概念。这要求教师在教授及讲述概念时，做到客观公正，将自己的个人价值观念排除在外，客观地讲解中西方文化背景下对于具体概念的定义与争论，使学生清楚了解概念及其外延。第二，很多价值观念在本质上是模糊的，教师不必要强行定义。教师在德育教学时，需要避免概念灌输及概念定义的绝对化，通过解释、比较、辨析等形式，使学生自行理解其具体内涵。

### （四）其他策略

除以上主要德育策略外，还要重视其他策略的运用，如通过开展游戏加强学生对于道德理念理解的游戏策略；展示结果使学生推理导致结果原因及步骤的推理策略；展示不同品德影响下的行为模式使学生进行辩论的辨析策略；等等。

# 第二节 我国中学德育具体问题及解决方法

## 一、中学生课堂行为问题及其对策

### （一）课堂行为问题的概述

课堂行为问题指的是发生在课堂上妨碍或影响正常教学管理的行为。这样的行为不仅影响学生个人的身心健康发展，而且常常引发课堂纪律问题，干扰教学活动。根据学生行为表现的主要倾向，学生的课堂行为问题可分为两大类：一类是外向性的攻击型行为；另一类是内向性的退缩型行为。通常一个学生的课堂行为问题可能会影响到其他学生，使其他学生无法认真听课，更有可能诱发更多的学生产生类似问题行为，这将严重影响教学活动的正常进行。

客观评判一个行为是否构成严重的课堂行为问题，要考虑以下几个因素。①普遍性：这种行为是不是在某个年龄段学生中较普遍存在的问题。例如，上课容易走神、注意力很难集中，这种情况在中小学生身上表现得很突出。②时段性：这种行为经常在某个时段才会发生。比如，有些学生在上午第一节课和下午第一节课时更喜欢睡觉。③持续性：这种行为是否会持续很长时间，能不能自己克制，使其消失。④干扰性：这种行为是否会影响到其他学生，使其他学生也产生同样的问题行为。⑤频繁性：在某节课上频繁发生此类行为，这种行为也有可能对他人造成严重影响，干扰课堂教学。⑥针对性：这种行为是否每次只针对某一门或几门学科。例如，有的学生只在语文课上表现出问题行为，而在其他课堂上很少或者没有这种行为。

易产生课堂行为问题的学生主要有以下几种类型。①人格型：也可以说是一种忧郁症，其形成原因有很多方面，如家庭、学校的影响等，它常表现为退缩行为。例如，在课堂上，有的学生很害怕老师找他回答问题，对自己缺乏信心，上课总是忧心忡忡；当老师批评他时，他会过度自卑，抑郁孤僻，常常手足无措；连坐在教室里也经常焦躁不安，心不在焉，不喜欢和同学交流，沉默寡言，爱一个人幻想等。②冲动型：这种类型的人易冲动。例如，在课堂上会做出各种惹人注意的行为，这种行为主要具有对抗性、干扰性和逆反性等特点。③情绪多变型：主要表现为内心焦虑、过度紧张。例如，有的学生听课漫不经心，不敢举手回答问题，课后作业不能独立完成；有的学生则心情抑郁，心事重重。这种行为对学生自身的学习质量有很大影响，对青少年的性格发展也会有很大危害。

### （二）课堂行为问题的对策

课堂行为问题的形成是内外因交互作用的复杂过程。对课堂行为问题的干预就是在心理学理论指导下有计划、有步骤地对课堂中发生的问题行为施加影响，使之发生指向预期目标的变化。

1. 正确认识课堂行为问题

正确认识课堂行为问题是进行有效干预的前提条件，没有正确的认识就无法进行有效的干预。教师要明确问题行为对课堂秩序和教学活动的消极影响，但又不能过分夸大行为问题的严重性，不能把行为问题与品德败坏等同起来。实际上，课堂行为问题是普遍存在的，即使是优秀学生也仍然会产生行为问题。因此，教师对课堂行为问题不宜持消极态度，更不能对有行为问题的学生的未来做出草率的结论和悲观的预言。教师对有课堂行为问题的学生要热爱、尊重、信任、宽容、体谅和帮助，而不是忙于责难、批评和歧视。

2. 关注学生个性差异

同一班级的学生整体发展水平虽然大致相同，但他们的性格类型、气质、能力和知识基础都存在明显的差异，这要求教师在教学时要充分考虑这一点，做到"一把钥匙开一把锁"。比如，在学习目标确定上，不必整齐划一，要"因人定量"。在教学管理方式上，采取不同的态度，对动作迟缓的学生要经常给予帮助，不要挫伤他们参与活动的积极性；对内向的学生不要使他们处于压力之下，给他们安静和独处的机会，逐步帮助他们摆脱孤独、融于集体；对过分激动、难以自控的学生，要注意意志力的培养训练。在教学形式上，可以适当调整班级原有结构，多采取小组学习的方式，使感到学习太难或太容易的学生都不会觉得被排斥在外，从而减少乃至避免产生厌烦、不安、急躁、发怒等课堂行为问题。

3. 建立良好师生关系

师生关系是教师和学生在教育教学过程中结成的相互关系，是人与人之间的关系在教育领域中的反映。师生之间建立一种平等、友好、融洽、和谐的关系，能激发学生的学习兴趣，提高课堂教学效率，减少课堂行为问题，有助于学生良好品德和良好性格的形成，有助于培养出一代具有创造性的、人格健全的学生。

当学生产生课堂行为问题时，正是影响师生关系好坏的关键时刻，教师如果注意运用恰当的批评艺术，就能赢得学生的信任，使师生关系更加密切。因此，在批评学生时，教师要考虑到学生的合理愿望，维护他们的自我尊严，或迂回地指出学生的错误，或批评前先赞扬学生、鼓励学生，使学生产生改正自己错误的信心。相信在运用恰当的批评方式之后，教师会被学生接纳，从而建立融洽的师生关系。

4.教师对学生进行心理辅导

心理辅导主要是通过改变学生的认知、信念、价值观念和道德观念来改变学生外部行为的一种方法。不少课堂行为问题的产生是学生自我发展受到阻碍和压抑，个人对自我缺乏正确认识所导致的。而心理辅导可以调整学生的自我意识，排除和转移阻碍个人发挥自我潜能的种种障碍，帮助学生正确认识和评价自己，实现自我认同和接纳，从而真正解决课堂行为问题。尤其是比较复杂的课堂行为问题，更需要进行心理辅导。良好的心理辅导取决于师生间的认知距离和情感距离的缩短，因此教师在进行心理辅导时要尊重学生的认知和情感体验，信任和鼓励学生改正课堂违纪行为。

5.学生参与制定有效课堂规则

明确的课堂规则是一种有效的先入为主法，可以事先确定对学生在课堂中的行为期望，让每一个学生能够明确是非标准，知道什么行为是好的、什么行为是不好的、哪些行为是大家认同的、哪些行为是大家不认同的。教师通常在学期或学年初期阶段，通过与学生讨论的方式，对课堂行为提出明确而具体的要求和规范，并以此作为共同遵守的准绳。

6.创建良好课堂环境

良好课堂环境的建设主要涉及良好班风、学风的培养和教室环境的布置与管理。班风是通过班集体形成的，是班级中各个成员的精神风貌、学习态度及人际关系的总和，其重要内容是学风。学风是指每个学生对学习意义的认识与主动参与学习的态度。良好的班风一旦形成，会对班级的每一个成员起教育作用，能引导学生形成正确的是非观念；它会潜移默化地影响每一个学生，使个别出现行为偏差的学生在良好班风的感染下向着好的方面转化，遵守由集体制定的纪律；它还对学生具有约束作用，一旦有人想破坏，就会受到集体其他成员的谴责。班风的重要内容是学风，良好的学风会促进课堂教学质量的提高。

此外，教室是教师和学生共同活动的主要场所，也是学校进行教学的主要阵地。教学实践和心理学证明，整齐、清洁、幽雅、宁静的教室，使人心情舒畅、精神振奋；而肮脏、呆板、杂乱的教室使人倦怠、厌烦。富于变化和切合学生特点的教室布置和座位安排，有助于陶冶学生性情，更利于开展教学工作，提高课堂教学效率。要科学、合理地安排或调整学生的座次，必须打破按高矮次序或学习成绩排位的简单方式，综合考虑学生的生理特点、个性特长、学习习惯、行为特征、同伴关系等多种因素，做到合理搭配，以取长补短、以优补劣、互相促进，根据学生和学习目标的不同而选择适当的座位排列形式。

## 二、中学生心理行为问题及其对策

### （一）中学生常见的心理问题

中学阶段是青少年身心发展的重要时期，中学生的社会环境和生理年龄的特殊性决定了中学时期是人生健全人格的关键时期。随着多元文化的影响、多种价值导向的冲击以及升学等竞争压力的不断增大，中学生心理问题或心理障碍的发生率也呈上升趋势。因此，中学生这一特殊人群的心理卫生问题日益受到社会各界的关注和重视。

1.自我认知不正确

自我认知是指正确、客观地认识和评价自我，是自我意识的主要内容。然而，大量的调查表明，中学生的自我认知能力较低，盲目的自我否定和自我满足占相当大的比例。郑晓边等对全国 2016 名高中生的调查表明，54% 的高中生希望改变自己的性别，10% 的人对自己无肯定的评价，82% 的人认为自己无任何缺点。[①] 在自我接纳及自我控制方面也存在不少问题。处于这个时期的中学生，其心理发展具有成熟和幼稚、独立与依赖、自觉和盲动等诸多矛盾并存的特点。中学阶段的压力越来越重，在现实与理想的冲突中，中学生的自尊易受到挫折，从而导致自我意识的否定，产生各种各样的心理和行为问题。

---

① 郑晓边，李涛.全国 2016 例高中生心理健康五因素调查分析 [J].湖北招生考试，2004，20（16）：52—54.

2.学习焦虑，厌学心理

教育心理学认为，适度的焦虑有利于激发学生的学习积极性，提升学习效率。绝大多数中学生对未来充满幻想，希望自己学业有成，不辜负老师及父母的期望，同时用优异的成绩证实自己的能力，因此，他们的责任心普遍比较强。但是如果过度焦虑，学生易产生强烈的身体不适及精神恐惧，学习专注度和记忆力下降，对学习产生负向力。一些学生初中时成绩优秀，进入高中后对于教学内容和方式以及竞争对手等的变化感到十分不适应，成绩急剧下降；还有一些学生原本初中成绩就不理想，进入高中后更难以适应，成绩变得更不理想，甚至可能出现厌学的情况。

3.依赖性强，抗挫折能力弱

挫折是个人需要和动机行为遇到阻碍时所产生的紧张状态和情绪反应，抗挫折能力是心理健康的重要标志之一。对于一些条件优越的独生子女，由于缺少经历困难与挫折的体验，缺乏应对困难的心理准备和坚忍不拔的精神，一旦遇到挫折环境或受到批评，他们往往会采取过激行为，或攻击，或自责，或退让，或放弃追求，逐渐开始意志消沉。

4.人际交往冲突引起心理障碍

一些独生子女从小生活在父母的庇护之下，生活在以自我为中心，由于缺乏家长和教师必要的指导，导致他们不擅于与人沟通和交往，内心孤独，缺少自信，遇事容易往坏处想，封闭自我，远离友情，缺乏愉快平稳的心境，从而引起人际交往中不必要的冲突和心理障碍。

5.强迫症状

强迫症状主要表现为在主观上感到有某种不可抗拒的、被迫无奈的观念与行为的存在，为排除这些令人烦恼的观念或欲望往往会导致严重的内心斗争并伴随强烈的焦虑、抑郁与恐惧。为了减轻焦虑，有强迫症状的人有时会做出一些近似仪式的行为，明知没有必要，但无法自控、无法摆脱，因而深感痛苦。这类学生往往具有性格内向、严肃刻板、谨小慎微、优柔寡断、过于注重细节、追求完美的特点；甚至有些学生由于责任感过强、过于苛求自己，以致心理负担过重，学习路上步履艰辛，反而影响正常的学业。

6.人格障碍

人格障碍是指人格发展内在的不协调，即有一种或几种人格特征偏离正常，出现情绪反应、动机和活动的异常。比如，偏执人格：表现为明显的猜疑、异常固执、心胸狭窄、敌意、记恨、嫉妒心强，在学习、生活中我行我素，无所顾忌，经常与老师和同学发生摩擦，人际关系紧张；反社会人格：表现为思维、信念和行为常与社会相矛盾，总以相反的眼光看待周围的人和事，并常以社会消极面为自己的错误开脱，缺乏责任心及内疚感，易激惹，行为冲动，具有攻击性和暴力倾向。

**（二）中学生心理行为问题的对策**

全社会都要高度重视中学生的心理健康问题，采取各种有效措施，为学生创造一个有利于其身心健康的良好环境，重视素质教育，切实减轻学生课业负担，致力于使学生的躯体、心理和社会适应三方面达到完善、协调和统一的状态。

1.开设专门的心理健康教育课程

在中学阶段开设专门的心理健康教育课程，有效落实以班级为单位的授课形式，能帮助学生了解心理健康知识，掌握一定的心理调节技能。理论知识课程包括心理卫生常识讲座、心理调节问题答疑、焦点问题讨论等；活动训练课程包括在活动中学习如何介绍自己、了解别人、与人交往等社交技巧；同时，进行适当的性教育，有助于处于青春发育期的中学生学会自我心理调适，纠正对性的不当认知，摆脱青春期烦恼。具体来讲，可以在心理健康知识普及课里树立学习榜样，打造学习典范；强调兴趣教学，激发学生对学习产生长久的兴趣；设计挫折教育情境，培养学生始终如一的学习态度。同时，通过让学生对认知能力训练、角色扮演、人际交往训练、正确面对失败与挫折等实际训练活动内容的了解，掌握一些宣泄情绪、转移情感、发泄愤怒和痛苦、克服自卑心理、树立自信心等自我心理调节的技能，防患于未然。这是最为有效的干预和调节方法。

2.建立心理咨询室，开展心理咨询与治疗

随着社会的快速发展，中学生学习生活的节奏不断加快，他们在追求身体好、学习好的同时，对提高心理健康水平的需求也日益迫切，需要个别咨询的学生越来越多。鉴于此，心理咨询室的建立必不可少。完善学校的心理咨询室应针对具体情况开展多形式的咨询活动，如个别或团体咨询、电话咨询、信件咨询、专栏咨询、现场咨询等，及时化解学生的心理问题；同时应与医院心理门诊保持密切联系、协同工作，对有心理问题的学生给予及时的帮助和恰当的诊疗。

现在的中学生思想活跃、想法很多，面对学校为他们设立的心理咨询室，他们从开始的手足无措，到毫无拘束地和心理教师倾心交流，说明随着时代的进步、社会的发展，在中学阶段开展心理健康咨询与心理治疗十分必要，并将成为一种趋势。面对中学生的各种心理压力，心理咨询教师要充分地理解和接纳他们，要遵循保密、积极心态培养、情感限定、疏导等原则，在信任的基础上建立积极的咨询关系，这种信任关系是心理健康咨询成功的关键。这样，学生才会敞开心扉，把自己的心理压力和盘托出；才会在教师的指导下，运用恰当的心理调适法，消除、减轻或正确面对自己的心理压力，从而提高对学习和环境的适应能力，促进身心健康发展。

3.设立"悄悄话"信箱

设立"悄悄话"信箱，建立多层次、网络化的心理健康保障体系。实践证明，现代通信工具（如 QQ、邮箱、微信等）很便于教师跟中学生进行沟通与交流。有些话题是相对隐秘的，而通过网络交流的方式能够让不愿意与教师面对面谈话的学生把一些平常不敢说的话大胆地说出来，不仅可以使教师了解学生的心理状态，也可以舒缓学生的心理压力，还可以使心理教师用更多方式、更有针对性地解决学生的心理问题，进一步巩固多层次、网络化的心理健康保障体系。

4.通过各学科教学渗透心理健康教育

通过各学科教学渗透心理健康教育，使教育模式由知识教育向素质教育转化。心理健康教育应与情感、意志、个性等非智力因素的培养教育紧密结合，以培养学生正确的人生观、价值观，使得学生胸怀宽广，志存高远，树立远大理想；引导学生摆正理想与现实、成功与失败的关系，学会自我调控，合理宣泄自己的感情；加强对学生意志品质的训练，注意引导学生敢于正视困难，拥抱挫折，战胜懦弱。教师应增强学生对挫折的应对能力，并在日常的学习生活中提供一些适度的挫折情景，对学生进行挫折教育，锻炼他们的耐受力和自信心；同时，教师应强化个性教育，塑造学生健全而稳定的个性和开朗的性格。

5.建立心理健康社团

学生社团能活跃学校的学习气氛，提高学生自主管理能力，丰富学生的课余生活。心理健康社团可以根据学校的不同情况，利用学生的课余时间开展各种形式的活动，推广心理健康知识，让学生互相启迪、交流，增进彼此的感情；在心理教师的指导和培训下，培养一批心理健康小助手，不仅让他们在社团里服务，还每天利用课余时间在心理咨询室值班，协助心理教师处理各种事务。这既锻炼了学生，也提高了心理辅导工作的效率。

6.定期开展青春期的相关知识讲座

学校组织开展青春期的相关知识讲座，包括青春期的逆反心理、闭锁心理、早恋及性教育的内容。为取得良好的教育效果，除了让专职心理教师举办讲座外，还可以让学校德高望重的领导和教师给学生开展生动、有效的青春期教育讲座，促进学生健康成长。

7.加强家校联系，争取多方面的支持

中学生的心理健康问题不仅是学生自身出现的问题，还与家庭对孩子的教养方式、亲子关系，以及班主任的管理、教育和评价等有一定的关系。因此，不管是为了了解学生在心理、行为上出现问题的原因，还是在心理咨询、行为矫治计划的制订与实施方面，都需要得到家长与班主任的支持和配合。学校与家长之间加强双向沟通，对学生要平等、尊重、信任、理解，这应该成为每一个教育工作者的职业要求和每一位家长的素质要求。家长应建立民主的家庭气氛，尊重并理解孩子的心理需求和感情上的渴望，充分地理解他们的兴趣、爱好、个性和要求，切实地缓解他们的心理压力，帮助他们心理健康地成长。

鉴于此，学校应对学生家长、班主任等进行学生心理健康教育的宣传，让有心理困扰的学生及时得到帮助，得到更多的理解与接纳。心育比言教效果更好，它不仅能提升德育效果，还能提高学生的学业表现。

8.建立和谐的师生关系和班级环境

（1）建立和谐的师生关系。首先，教师应当以正确的态度来看待每一个学生。中学生的年龄虽然较小，但他们也有自己的情感，有特有的心理世界，教师要以平等的态度友好地对待他们，因为师生关系应该是一种在平等基础上的相互尊重与信任的朋友关系。其次，教师要注意与同学生的日常交往中投入感情。有专家提出，素质教育首先即是一种感情的教育，离开感情与爱心，教育便只是一种知识的灌输与传递。因此，教师不仅要在生活中去感受学生的心灵，而且要尽力使自己具备学生的心灵，以学生的心灵去体验现实的生活。

（2）建立和谐的班级环境。心理学家认为，人的情绪、情感、态度都是环境在个体身上的体现与反映。一般说来，如果一种环境能满足或符合人们的需要，人们便会产生好感与积极的情绪；反之就会引起相反的情感。没有任何一种心理的内容不来源于现实；没有任何一种心理现象的产生没有它的客观原因。因此，建立一个和谐的班级环境无疑有助于学生保持心理健康，形成良好的心理品质，并且将心理问题出现的可能降到最低程度。

### 三、中学生师生关系问题及其对策

#### （一）中学生师生关系问题的影响因素

1.教师方面因素

（1）教师对学生的态度：教师对学生持积极的、肯定的、赞赏的态度更受学生爱戴。

（2）教师的教育理念：只关注成绩的教师容易引起学生的不满，而真心关注学生成长的教师容易得到学生的认同。

（3）教师的管理方式：专制型和放任型教师不利于建立健康的师生关系，而民主型教师更受学生的喜爱。

（4）教师的专业水平：学识渊博、见解独特而深刻的教师更易赢得学生的敬佩。

（5）教师的人格特征：乐观、开朗、宽容、幽默、兴趣广泛的教师更受学生欢迎。

（6）教师的人品：诚实守信、敬业乐业、克己奉公、以身作则的教师较易得到学生的拥护。

2.学生方面因素

（1）部分学生不理解教师对自己的教育和管理，不能客观地对待教师的批评，主观上认为教师是故意针对自己，因此对教师有意见。

（2）中学生正处于青春期，成人意识和独立意识增强，个别学生会通过一些不恰当行为引起同学和教师的关注。

3.学校环境方面的因素

学校环境在某种程度上也会影响师生关系，学校中人与人之间的关系以及课堂的组织环境等因素也是影响师生关系的重要因素。一般来讲，有着优良校风和融洽的校园人际关系的学校环境、民主而轻松的课堂气氛、较小的班级规模以及师生较频繁的接触，有助于建立良好的师生关系。

### （二）中学生常见的师生关系问题的对策

#### 1.树立积极关系出效益的教育观念

积极师生关系出效益是指教师在教学过程中建立积极的师生关系，有助于培养学生的积极情感，提高学生学习的积极性和自主性，促进教师有效地教和学生有效地学，能使教学活动更好地进行，产生更大的效益。

首先，教师应了解学生心理发展的特点。对于中学生来说，生理上的迅速成熟使他们产生强烈的成人感，希望像成人那样对自己的事情做主。但中学生的价值观、人生观和世界观还未完全成熟，虽能独立处理一部分问题，但无法完全独立，需要家长和教师的正确指导。其次，教师应提高积极主动改进师生关系的意识。教师应言传身教，改变自身的行为，真诚与学生进行情感沟通，积极主动对学生进行情感回应，提高学生学习过程中的积极体验，认真倾听学生的快乐或不快乐、困难或不困难的心声，通过积极的沟通帮助学生自主解决问题。最后，教师需要增强领导与管理相结合的意识。教师在师生关系中处于主导地位，与学生之间不仅需要沟通和协调，也需要命令与执行；既需要激励，也需要控制和约束；既需要关注效率，也需要注重效果；既需要对学生进行刚性的领导，也需要进行柔性的管理。

#### 2.进行积极有效的深层次沟通

建立深层次有效的沟通是建立积极师生关系的基础和前提，教师与学生的沟通交流也影响学生对学习的投入。深层次有效沟通是指在平等对话的环境下，在教师与学生沟通的过程中，头脑中想表达的观点在阐述后，能够准确地被对方接受和理解。在现实交流过程中，想表达的观点一般只能讲出80%，由于各种原因，学生听到的最多有60%，最后能听懂并理解的仅有40%，所以在教师与学生交流的过程中，深层次有效的沟通具有重要的意义。

（1）建立平等的对话环境。平等的对话环境是教师与学生深层次有效沟通的前提和基础，只有在平等的地位、平等的人格基础上进行交流，才能保障对话的真实性和准确性。师生的沟通和交流应在人格平等的条件下进行，教师应慎用权威和权利，减少使用命令式语气，才能更有效地影响学生。与学生以平等地位和姿态进行沟通，形成平等和谐、互相尊重的师生情感，是进行深层次有效沟通的前提。

（2）进行积极的情感回应。沟通中一般采用四种风格的回应形式，分别是主动积极的（真诚热情地支持）、被动积极的（低调支持）、被动消极的（忽视该事件）以及主动消极的（指出事件的消极一面）。教师应首先明确自己的回应方式和风格属于哪一类，找到难以积极回应学生的原因，从而改变回应方式。积极的回应方式能表达出教师对于学生的关注和情感支持，增加学生积极的情感体验，有利于学生与教师之间更深层次的沟通。

（3）学会积极倾听，进行深层次的对话沟通。积极聆听是避免沟通不畅的最有效的办法，可以确保教师能够理解学生真正想表达的意思。积极聆听需教师与学生互动并且给予学生反馈，表明教师确实理解了学生的意思。积极聆听、进行深层次的对话交流一般分为四个阶段。第一阶段是复述语句和专心倾听。在沟通的过程中教师不加入任何主观的个人判断，只客观地重复学生所表达的观点，最后倾听学生反馈，确定重复表达的观点是否是学生的想法。获取准确的信息才能真正地深入了解对方。第二阶段是教师加入解释，对学生的反馈情况进行客观理解，并体会学生的情感。教师透过现象和表层对了解到的学生真实观点和情感进行描述，从学生的反馈判断是否理解正确。第三阶段是询问学生观点，朝着双方都接受的方向做出改变。当师生之间存在价值观冲突或问题矛盾时，直接面对矛盾，能让二者的对抗者关系转变为彼此间建立起的积极的情感。教师应鼓励学生说出内心真实的需要，并在需要得到教师理解与接纳后启动"谈判"程序，与学生共同列出多种解决方案，这有助于激发学生解决问题的能力，同时激发学生的好奇心，培养其创造性。第四个阶段是评估解决办法，列出改变后的种种好处。教师应尊重学生与学生之间的个体差异，在学生表达自己不同观点时，教师不一定要表示赞同但应表示肯定，尽量给予理解，在理解的基础上试着找出最终使每个人都受益更多的解决方案。

（4）开展积极互动的师生交流活动。通过开展积极互动的师生交流活动来促进教师与学生进一步的交流与沟通。通过开组会共同讨论的方式发现存在的问题，教师要运用积极聆听的方式，帮助学生确立各自的观点立场，对问题进行深层次的分析，找出根本问题和矛盾；通过开展专题讨论的形式，学生充分表达自己的观点，开拓思维，积极发言，与教师进行深入交流和沟通。教师要明确讨论的目的是扩展学习、丰富知识，要运用积极聆听的方式，避免评价，让学生担负起主要讨论的责任。这样不仅有利于师生关系的积极发展，而且有利于学生发展创新思维，发展智力和经验，产生独特而创新的解决方案。

3.培养教师队伍的积极心态

中学生处于心理和生理发展的关键时期，需要教师的帮助和指导，教师在师生关系中处于引领方向的位置，不仅要负责教学工作的顺利进行，还应引领学生朝着一定的方向前进。培养教师队伍的积极心态，不但有助于引领整个团队向积极方向发展，而且也是建构积极师生关系的重要因素之一。

（1）培养教师用积极心态进行教育工作的意识。积极心态是指善用科学知识解决问题的智慧、高效能的行动力、坚忍的意志力、善于合作共赢等；表现在工作和实际生活中就是拥有坚定的信念，不忘初心、牢记使命，顽强奋斗、勤奋学习、努力工作、幸福生活。培养自身的积极心态包括责任感、自信心、积极思考等核心要素。研究表明，工作压力、人格特征是中学教师职业倦怠与否的重要影响因素，情绪良好、有积极心态是采取积极教育行为的前提，需要教师进行自我建构，有意识地对自身心态进行调整。

（2）培养教师乐观思维方式。在教育教学活动中，教师的思维方式在影响自身发展的同时也影响着学生的思维方式，一个有正能量的、积极阳光的教师才能培养出积极向上的学生。教师可以学习运用"ABCD模式"将乐观的认知技能融入思维方式中。"ABCD模式"中 A（Adversity）代表不好的事情及任何可能的负面的事件，B（Beliefs）代表对不愉快事件的看法与解释，C（Consequences）代表不愉快事件之后的感受和行为带来的后果，D（Disputation）代表反驳。"ABCD模式"即指通过实质性的内容反对自己对不愉快事件的看法与解释，正确地评估不好的事情所带来的影响。

教师首先可以通过记录的方式记录下不好的事情；其次记录这件事情发生之后的每一种想法；再次记录下每一种想法对应的感受和可能带来行为上的后果；最后用实质性的反驳，找出所有支持想法的证据和反对该想法的证据，促使教师考虑两方面的可能性。反驳可以通过问自己四个问题的方式进行。问题一，哪种是可能发生的最糟糕的情况及发生概率的大小？问题二，如果发生的话用哪些方法解决？问题三，哪种是可能发生的最好的情况及发生概率的大小？问题四，实际上最可能发生的会是什么？"ABCD模式"就是教会教师正确看待事情发生后影响其情绪和行为的因素的自主思维方式，让教师学会搜集证据来评估这些想法的正确性，从而减少消极思维的产生，有助于帮助教师形成积极的思维方式，更好地建构积极的师生关系。

4.建构积极的评价反馈模式

建立积极正确的评价反馈模式有利于帮助学生形成乐观性的解释风格，有利于促进学生的可持续发展，有利于教师与学生之间的相互理解和信任，有利于教师与学生之间形成良性互动的关系。乐观的基础在于对原因的看法，每个人都有对原因的看法，称为个人特有的解释风格。乐观性解释风格能使学生乐观地学习和生活，远离消极悲观情绪，减少冲突和矛盾。积极的评价反馈目标教导学生正确地看待自己，主要通过以下三方面进行：首先，教师对于学生的赞美和表扬要具体，即表扬应该是对于细节和具体行为的表扬，能让学生真正地感受到教师的好评是真实的而不是敷衍；其次，教师对于学生的批评和教导要具体，即在批评学生时要让学生知道错误的具体方面和内容，当学生行为成为导致问题的直接原因时，学生必须对自己的行为负责并进行改正，教师应引导学生将失败作为挑战；最后，当事情与学生无关时，教师应避免责怪学生的个性或能力，而应引导学生把行为结果归因于此次行为本身，如果事实允许，那么应着重将行为结果归因于特定及暂时的个人原因，而避免对学生进行普遍性（如对能力和个性）指责，这样有助于帮助学生形成乐观性的解释风格。

## 四、中学生家校关系问题的解决策略

### （一）教师层面

第一，与家长沟通的形式要多样化。教师可以通过家长会、家访、家长课堂、电子通信等多种方式，与家长沟通联系。家长会是针对班级学生普遍存在的问题的一种与家长沟通的方式，开家长会时，教师要把学校的教育理念、方法及思路和孩子的在校情况分享给家长，同时争取让家长参与到学校的教育中，以形成学校与家庭的联动，更好地形成教育合力，把孩子培养得更好。家访是较有个体针对性的家校沟通方式，通过家访能够更深入地了解学生，与家长共同解决孩子存在的问题。使用电子设备通讯是较常用、便捷的家校沟通方式，教师和家长利用这种方式可以及时地沟通交流。

第二，与家长沟通的内容要有针对性，注重沟通的适时性、及时性。教师与家长的沟通不应仅限于学生的成绩，更应关注学生的优缺点。对于学生在学校中出现的问题，教师虽不必与家长事事沟通，但对于学生在校发生的意外事件，一定要及时、准确地与家长沟通，把对学生可能造成的伤害降到最低。学生安全是教师工作的第一要务，也是家长最关切的。

第三，在与家长沟通的过程中注意沟通技巧。教师与家长沟通时，要尽可能营造一个轻松的谈话氛围，不要将消极情绪带入交谈中；在开始正题前，教师可先对家长进行关切的询问，明确自己"为学生着想"的立场，取得家长的信任，让家长有与教师沟通的意愿；在沟通过程中，教师要注重沟通的有效性，对于学生表现好的行为要予以肯定，对孩子不良的行为习惯则需要具体指出。同时，教师要多站在家长的角度思考问题，在说明孩子不良行为问题时用语要委婉，要认真倾听家长的回应。

第四，通过多种渠道寻求解决方式。针对家校关系出现的问题，教师除了通过自身的智慧和努力去解决外，可与同事交流、学习经验；也可通过阅读教育学的相关书籍，在书中找寻问题的解决之道。

### （二）家长层面

第一，设立家委会。家长可自愿成立家长委员会，家长委员会是增进教师与学生、家长之间沟通的桥梁。有些家长不愿直接向教师反映问题，家委会可替家长反映对学校、班级的一些意见和建议。同时，家委会也能协助教师与家长沟通。家委会在家校关系中发挥的作用不可小觑。

第二，主动参与学校活动。家长要主动参与学校活动，包括家长会、家长开放日等，也可以以志愿者的身份协助一些班级活动的开展。高年级学生召开关于"理想"的主题班会时，可邀请一些家长向学生分享他们年轻时的奋斗史，激励学生好好学习、努力奋斗；有些掌握剪纸、插花等技艺的家长，可以在班级进行特色课程的教授，积极发挥家长的教育作用。

第三，主动向教师反映孩子的情况。家长要适时适当地联系教师，主动向教师反映孩子的情况，如孩子可能对某些食物过敏，特别是寄宿制学校和特殊学校的学生家长更要注意，这关乎学生的健康安全。家长要向教师及时反映孩子存在的行为问题，以便教师在这些方面多加留意，避免类似事件的发生。家长的及时告知有助于保障学生的在校安全，也可让教师对学生的教育更有侧重，避免一些伤害事件的发生，从而减少家校间的摩擦。

### （三）学生层面

学生在与父母的日常沟通中，要让父母知悉教师给自己的关心和帮助，以及教师在教学工作中所做出的努力。由于师生间的相处时间较长，学生可将家长提出的建议和意见及时地反馈给教师，便于教师根据建议做出适当的调整。

# 第三章　新时代中学德育课程内容构建与渗透创新

## 第一节　构建中学德育课程内容的依据与原则

### 一、构建中学德育课程内容的依据

德育作为素质教育的核心内容，是学生获得身心全面发展必不可少的条件之一。德育课程内容是实现德育目标的中介和重要依托，它既是一定社会价值体系的传递与创生，又是实现个体道德社会化的重要途径，同时还是个体进行道德学习、掌握道德规范、提升生命与生活质量的重要依据。

人总是生活在特定的社会之中，其人格和行为的发展受到多种因素的影响。中学德育课程是培养社会主义建设人才的重要学科，是学校实施思想政治教育的重要途径，其主要任务就是抑制社会生活中的消极因素对学生产生的负面影响，充分利用社会中的积极因素，通过一种自觉行为，将受教育者的人格和行为引导到正确的方向并使其达到应有的高度和水平。

### （一）理论依据

马克思关于人的全面发展的理论告诉我们：人应当是一个全面发展的人、完整的人。人要以一种全面的方式，作为一个完整的人占有自己的全面本质。人的全面发展包括人的体力和智力的充分自由发展、人的才能的多方面发展以及个人社会关系的高度丰富和发展。马克思认为，要实现人的全面发展必须要实施全面发展的教育，即德育、智育、体育、美育、劳动技能以及人与人之间交往的观念与能力的培养。依据这个理论，人虽然要经历由低级到高级若干发展阶段，但是在任何一个发展阶段上，人都应该是完整地均衡地全面发展，而不能畸形发展。畸形发展的人，无论是对个人还是社会，都是一种不幸。因此，中学德育作为促进人全面发展的一个重要途径和组成部分，其课程内容的选择必须要符合人的全面、完整、均衡发展的要求。

### （二）社会现实

学校总是存在于一定的社会环境之中，任何学校教育都无法摆脱社会环境而孤立存在。在思考课程的设置、开发与传授时，首先要反思的是学校与社会的关系。一方面，学校通过课程的设置与传授改变着社会；另一方面，社会在一定意义上也塑造着学校以及课程。社会是不断发展变化的，教育的发展变化首先要以社会的发展变化为前提，课程的开发与设置无疑也要以社会的发展变化为基础。教育要培养具有什么政治方向、社会价值和思想品德的人，以及为实现某种教育目的所要传授的政治理念、意识形态和伦理道德方面的教育内容，都直接受到一个国家政治、经济、文化等方面的制约和影响。因此，要确定我国中学德育课程的内容，首先要考察的是我们所处社会的历史阶段及社会基础。

### （三）文化传统

世界是多元文化的存在，不同民族的文化，通过自己的语言文字、宗教和意识形态、风俗习惯、自己的人种特征、社会制度建构的伦理道德体系、自己的价值观念系统向世界展示出本民族不同于其他民族的生存状态。不同民族、国家和地区的人们各自是自己这一特殊文化的主体，彼此之间不能完全归结和替代，这是不争的事实。价值观与一些具体的规范是文化的核心，从社会发展的角度看，人的综合素质是文化积淀的结果，有什么样的文化，就会造就什么样的人。

德育与文化有着密不可分的内在联系。一方面，一定社会的思想政治教育理论、内容以及人们所拥有的思想政治与伦理道德素质，是该社会文化含量的重要组成部分，德育的发展必将把该社会的文化含量推向更高的水平；另一方面，一定的文化环境又为德育的发展创造了条件，离开了特定的文化环境，德育就失去了最主要的载体及特定支撑。

## （四）时代特征

德育课程内容是随着时代的发展而发展的。当今时代，知识经济不断发展，以信息技术为标志的现代科学技术迅猛发展，为各国之间的政治交往、经济活动、文化活动等提供了极大的方便，大大缩短了世界各国在时间上、空间上的距离，也极大地促进了世界经济和文化观念的蓬勃发展，改变着经济、社会、文化的结构和运行方式，改变着人们的生产、生活方式及思维方式，其广度和深度都是以往任何一次产业革命所无法比拟的。而人的综合素质必须适应时代发展的特点。

创新是一个民族进步的灵魂，是一个国家兴旺发达的不竭动力，是社会进步永恒的原动力。一个国家在未来国际竞争和世界格局中能否立于不败之地或占据有利位置，关键因素就是看这个国家的创新能力，落脚点就在于教育能否培养出更多的具有创新精神和创新能力的创造型人才。马克思曾经说过，"自由是创造的前提"。创新精神是创新能力的内在条件。要激发一个民族的创新精神，首先必须从伦理、道德上树立崇尚的创新意识，认同创新的价值。这就要求中学的德育给人以个性发展的自由，以人的全面发展为根本宗旨，培养青少年学生的主体精神、自由精神和创新精神，同时还要进行可持续发展教育。可持续发展战略蕴涵着极其深刻的伦理道德观念要求。德育进行可持续发展教育的目的就是要改变青年学生的态度和观念，培养他们与可持续发展相一致的环境意识和道德意识、价值观和态度以及技能和行为。只有人的可持续发展才能带动全社会经济文化的可持续发展，人的可持续发展将影响和引导人类社会发展的方向与进程。

## （五）身心发展需要

德育课程内容的选择和编排，不仅要依据社会发展需要，还要符合人的身心发展的需要。首先，根据青少年儿童道德认识发展的阶段和水平选择和编排德育课程内容，使之与青少年儿童道德认识发展的阶段和水平相适应：低年级课程着重于道德规范的内容，高年级课程着重于社会规范、政治信仰的内容。其次，根据人的活动范围逐渐扩大的特点，选择和安排德育课程内容，如按家庭、学校、邻里、地区、州、国家、世界的顺序选择和编排内容。随着学生活动范围的扩大、年级的升高，不断扩大德育课程内容的范围。再次，根据学生个性发展的需要选择德育课程内容，以促进学生个性的发展。在人的成长发展过程中，不同阶段的人的需要和素质是不一样的。从事的职业不同、经历不同、生活环境不同、所受教育不同，使得每个人的需求和综合素质产生了巨大的差异，这种差异使人们在思想观念、道德品质、心理素质、智慧能力等方面不仅有量的不同，而且有质的差异。因此，中学德育课程内容在选择和设计上，不仅要有总的要求和水准，而且应该依据不同年龄阶段的群体、不同个体的差异性有具体的要求和水准。

## 二、选择中学德育课程内容的原则

德育是教育之本，坚持正确的教育方向，确定中学德育课程内容，形成科学的中学德育课程内容体系，是做好学校德育工作的关键。中学德育课程内容的设计和选择，应当遵循以下六个原则。

### （一）先进性与普遍性相结合原则

中学德育的对象是朝气蓬勃、思维敏捷但缺乏社会经验的青少年学生。由于他们在成长环境、家庭背景、社会关系、道德水平等方面呈现出差异和不同，作用于他们身上的德育在内容体系上就要做到先进性和广泛性相结合。中学德育课程内容的选择必须将先进道德和普遍道德相结合，体现道德教育层次，增强德育效果。

### （二）主导性与多样性相结合原则

在多元文化社会中，中学德育课程内容要坚持以主导性为前提和根本，在此基础上要有坚定性和一贯性。在我国，坚持中学德育主导性就是要坚持以爱国主义教育为主导。在爱国主义教育的主导下，中学德育呈现多样化发展形势。德育课程内容的多样性，是指德育课程要根据教育对象的实际或文化背景和要求，丰富和发展主导性的要求，更好地配合和发挥主导性的作用，从内容选择的多样化到针对不同的教育对象和教育环境实施不同教育内容的灵活性。

在中学德育内容的选择上，除了主导性的内容外，还包括与主导性内容相关、相容的其他必要的教育内容，如中华民族优秀传统文化和价值观念、西方进步的科学文化成果等。

### （三）继承与发展、借鉴与创新原则

学校德育的发展，是一个连续的过程，是一个不断继承与发展、借鉴与创新的过程。一个国家或民族的思想道德教育总是与其他国家或民族的思想道德教育相比较而存在，在内容的选择上各自有着不同的特点和经验，彼此之间存在一个互相学习的过程。因此，正确处理继承与发展、借鉴与创新的关系，对促进中学思想道德教育的学科建设具有重要的意义。

"他山之石，可以攻玉。"欧美等国学校德育内容的发展历史和思想资料为我国构建中学德育课程内容新体系提供了一些有价值的经验，其中有两点尤值得借鉴。一是重视学校道德教育，把对学生的品格培养作为德育的中心任务。许多国家都把培养公民道德、责任心、合作意识作为学校德育课程的主要内容。二是强调多元价值基础上的一元价值导向。当今社会复杂多变，多元价值并存。在多元价值的基础上，许多国家都强调通过学校道德教育培育学生的核心价值，进行一元化价值导向，其中核心价值包括自由、平等、尊重、法制、人权、民主、关心、公平与正义等具有高度稳定性的规范。我们在构建当今中学德育课程内容时，也应该考虑这些具有稳定性的德育内容，只有这样才能不断进行德育内容的创新。

### （四）系统性与针对性相结合原则

在2018年9月召开的全国教育大会上，习近平总书记发表重要讲话，从党和国家事业发展全局的战略高度，系统总结了我国教育事业发展的成就与经验，深刻分析了教育工作面临的新形势新任务，对加快推进教育现代化、建设教育强国、办好人民满意的教育做出全面部署，并提出"教育是国之大计、党之大计"的重要论断。这一重要论断把教育摆在了前所未有的战略地位，把教育与国家的前途命运、党的前途命运紧紧联系在一起，丰富和发展了中国特色社会主义教育理论，是做好新时代教育工作的行动指南。新时代，办好人民满意的教育，建设教育强国，必须坚持以习近平新时代中国特色社会主义思想为

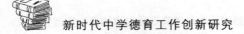
指导，增强"四个意识"，坚定"四个自信"，做到"两个维护"，全面贯彻落实习近平总书记关于教育工作的重要论述和全国教育大会精神，把"两个大计"转化为历史自觉和责任担当，转化为加快教育现代化、建设教育强国的政策举措和生动实践，为实现"两个一百年"奋斗目标、实现中华民族伟大复兴的中国梦做出新的更大贡献。①

在此基础上，坚持系统性与针对性相结合的原则就显得尤为重要。所谓系统性原则，一方面要求知识教育和道德教育两手都要抓、两手都要硬。忽视思想品德教育，就不能培养出合格的社会主义事业接班人，这是很危险的。道德教育要靠各方面共同作用、共同影响、相互配合、齐抓共管，是一项系统性很强的工作。另一方面，从德育的内容来说，其本身就是一个由低至高、由浅入深的多层面的复合体，其客观存在多层次性结构体系，为德育课程内容的系统性提供了依据；而人们的思想品德的发展本身所具有的一定的顺序性和阶段性，则为德育内容的系统性、针对性提供了可能性。因此，对于中学德育课程内容的选择，首先要注重系统性。德育课程内容的系统性是由以下两个原因决定的。一是每个人的人格，即思想品德、心理素质、智能结构和行为方式的组合，是完整的、系统的。如果内容的选择有任何一个方面的明显缺欠，就会导致学生人格发育的不完善，甚至畸形发展。二是德育课程内容体系必须是完整的有机系统。各个具体内容相互协调配合，才能够形成德育内容的教育合力。其中，任何不协调或矛盾，都可能导致教育合力的破坏。认识德育的系统性原则，有利于教育者从人格的整体性和德育的整体性出发，去选择和设计德育课程内容，充分实现课程内容各要素之间的相互配合，从而产生教育合力，达到德育的目的。这样，可以避免课程内容设计上的片面性和简单化。

### （五）理论与实际相结合原则

学校德育工作要结合改革开放和现代化建设的实际需要，结合社会主义精神文明建设和思想道德建设的实际，结合中学生的思想实际，用马克思主义的立场、观点和方法，坚持理论联系实际的原则，找准切入点和突破口，把工作做到中学生的心坎上，解决中学生的实际思想问题和道德困惑；同时，要加强

---

① 陈宝生.国之大计 党之大计——新中国教育事业的历史成就与现实使命[N].人民日报，2019-09-10（13）.

实践教学环节。而系统的道德知识教育，是形成中学生良好道德品质的基础和必要条件，是中学德育工作的一个重要环节。道德实践教育是中学德育工作的重要原则和方法，通过道德实践，可以深化道德认知，激励道德情感，锻炼道德意志，增强道德信念，提高道德品质。因此，在构建中学德育课程知识内容的同时，不能忽视道德实践活动课程的建构。

### （六）坚持求同存异原则

求同存异是指在和谐环境中求统一，循序渐进是要指通过舆论引导，使人们逐渐形成相同的价值观。为了确保不同民族文化的健康与合理发展，一些学者提出了若干处理文化多元化发展原则。例如，哈贝马斯提出了"正义"和"团结"的原则。这两项原则用于处理不同传统文化之间的关系时，正义原则就是要保障其他民族文化的受尊重和平等权利；团结原则要求对其他民族文化有同情地理解和保持尊重的义务。只要不断通过商谈和交往等途径，总可以形成不同传统文化之间互动的良性循环。我国学者汤一介认为，中国古代已有的处理人际关系的"和而不同"原则，更可以作为处理不同传统文化之间的关系的重要原则。"和而不同"的意思是说，要承认"不同"，在"不同"的基础上形成的"和"（和谐、融合），才能使事物得到发展；如果一味追求"同"，不仅不能使事物得到发展，反而会使事物衰败。不同文化传统应该可以通过文化的交往和对话，在讨论中取得某种共识，这是一种由"不同"到某种意义上的"认同"的过程。这种认同不是一方消灭另一方，也不是一方同化另一方，而在两种文化寻找交汇点，并在此基础上推动双方文化的发展，这正是"和"的作用。[①]"和而不同"原则强调的是在保持多元差异的前提下，努力寻求相互间的和谐对话和观念共享。当人们主张文化对话而不是文化冲突时，本身就意味着人已经有了求同存异的愿望、信念和希望，多元文化背景下中学德育坚持"和而不同"的理念，就是要坚持求同存异的原则。存异的德育，就是要启发学生尊重文化的价值的多样性，使学生接受社会文化和价值的多样性。

---

① 乐黛云，李比雄.跨文化对话：第 3 辑 [M].上海：上海文化出版社，2000：49.

# 第二节 德育在中学各学科教学中的渗透策略

## 一、中学语文教学中的德育渗透

语文教育通常是指关于祖国语言的教育。祖国语言是负载着自己祖国和民族的行为方式、思想情感的语言，承传着自己祖国绵延不息的文化，具有深刻的文化和历史底蕴，因此语文教育不同于一般单纯学习某一种语言的活动，它既包括语言和文字本身的教育，也包括有关文学、文化、思想、情感等方面的教育。语文学科的德育渗透比其他学科的特殊优势就在于其教学内容以文学作品为主。这些作品中的政治倾向、思想观点、品德情操等，对学生具有潜移默化的渗透、感染和熏陶作用，它是直观、形象、整体的，对学生的影响深远。学生学习了这些作品，一方面可以感受到祖国语言文字的美，从而激发他们热爱祖国语言文字和中华优秀传统文化的思想感情，另一方面可以使学生产生与具体的道德形象相联系的情感体验。从这一点看，把德育融入语文教学中具有必要性。

中学语文教材中的许多课文都蕴含着爱国主义思想和做人的道理，也体现了作者高尚的道德情操，为德育融入语文教育提供了条件。例如，魏巍写的通讯《谁是最可爱的人》，颂扬了爱国主义和国际主义精神，阐述了志愿军战士革命的人生观和苦乐观。又如，吴晗写的《谈骨气》，弘扬了作为中国人应有的人格气节。这些文章事例典型、人物形象鲜明，学生学了一定会深受感染，并以文中人物为楷模，树立起社会主义的人生观和道德观。教材中还有一些文言诗文，如周敦颐的《爱莲说》、刘禹锡的《陋室铭》，也表现了作者不爱慕虚荣、洁身自好的高尚道德情操。这样的文章淡泊明志、格调清新，体现出了中华文化中的天然和谐的美感和道德修养。学习这些文章，学生自然会受到熏陶，提高思想素质，养成积极健康向上的学习观和生活观。

### （一）创设教学情境进行德育渗透

运用语言和直观教具创设与课文教学内容相应的情境，引导学生展开联想与想象，唤起其各种感知觉，以在头脑中形成鲜明的形象，获得真切的感受和体验，从而接受思想品德教育。例如，《行道树》一文讲到行道树对人无所求、默默奉献时，顺势提出"这是怎样的一种精神"让学生去思考，引导学生由行道树的精神联想到无数的默默无闻的奉献者，以此激发学生热爱祖国、热爱人民的思想感情。另外，教师在语文教学中要善于抓住课文的动情点，适时进行点拨，使学生不断受到真善美的熏陶与感染。

### （二）优化诵读方式进行德育渗透

让学生声情并茂地朗诵一些文质兼美的课文佳作，有利于他们体验祖国文学的音韵美，加深对课文内容、思想感情的品味，并培养美好的心灵和高尚的情操。例如，对于《散步》一文，通过有感情地范读和反复朗读，学生可以体会老爱幼、幼尊老的感情，从而受到感染，做到体贴父母、理解父母、孝敬父母。又如，教师在讲授《雷电颂》时，可以给学生播放朗诵录音，让学生随着激昂的朗诵不自觉地融进文章高昂的氛围中，再让他们随录音仿读，并穿插讲解在朗读中如何处理语音、语调、语气等知识，在此基础上，趁热打铁，分组开展朗诵比赛，让学生从朗读中感受到屈原的呐喊，重新认识历史，从而激发起强烈的民族责任感。再如，在教学诗歌《祖国啊，我亲爱的祖国》时，教师可以让学生通过多种形式的反复诵读，感悟诗歌的深沉情感，从而培养学生热爱祖国、献身祖国的精神。

### （三）深挖德育素材进行德育渗透

在语文教学过程中，教师要注意深挖教材中的德育素材，进行德育渗透。如《纪念白求恩》《谈骨气》《俭以养德》这样的议论文，深挖其思想性对学生进行德育自不必说，就是对散文、诗歌也要进行深挖。例如，教师在教《荔枝蜜》时，要教育学生培养辛勤、奉献精神；在教《敕勒歌》《晓出净慈寺送林子方》等课文时，要注意激发学生热爱家乡、热爱生活的思想感情；在教《愚公移山》《精卫填海》这些文章时，要引导学生发现、学习其中坚韧不拔、艰苦奋斗的创造精神。

### （四）结合学生实际进行德育渗透

针对个别学生意志消沉、对未来缺乏信心等问题，教师可通过《生命，生命》这一课的教学，充分激发学生的主动意识和进取精神，在熏陶感染中培养学生积极的人生态度。针对少数学生不能妥善处理和解决自己在学习在生活中遇到的困难的现象，教师可充分利用教学《走一步，再走一步》的机会，教育学生学会把大困难分解成小困难再加以解决的方法，赢得最后的胜利。针对学生中盲目消费、相互攀比、胡乱花钱的现象，教师可结合《俭以养德》一文的议论，引导学生认识节俭对道德修养的意义，从而改掉胡乱花钱的不良习惯。

### （五）以生动有趣的方法强化德育渗透

单纯的理论教学，很难吸引学生的学习兴趣。教师只有以学生为主体，采用灵活多样的方式方法，充分调动学生的积极性，引导学生自己去思考、去质疑、去感悟，才能使学生乐于接受也容易接受那些好思想、好道理。因此，教师应善于组织学生开展话题讨论、专题辩论等活动，让学生自己谈感想、写作文，生动活泼地把德育渗透到学生的心灵深处。

## 二、中学数学教学中的德育渗透

### （一）培养学生的民族自豪感，增强学生的爱国情怀

我国是数学文明的发源地之一。翻开世界数学文明的悠久历史，我们不难发现中国古代数学成就斐然。例如，东方数学典籍《九章算术》对正负数概念的确定及自如运用具有里程碑的意义。在数学发展史上，中国不仅是世界上首次提出正负数的概念以及正负数的运算法则的国家，而且早于西方千年之前就能游刃有余地进行正负数运算。从事数学教育教学的工作者对荷兰斯蒂文的记法并不陌生，然而这一记法要比我国古代数学家刘徽提出的小数及其记法晚1 300多年。近代以来，我国数学家华罗庚、陈建功、苏步青、陈省身等在国外深造，成绩卓著，放弃国外优越的生活和工作条件，自愿回到祖国的怀抱，报效祖国。毋庸置疑，这些杰出数学家的爱国主义情怀及其诸多爱国事迹都是培养学生民族自豪感和增强学生爱国主义情怀的极好素材。

## （二）端正学生的学习态度，帮助学生树立远大理想

纵观世界数学发生、发展的历史，我们不难发现，古今中外的数学家虽然研究的层次和领域各不相同，但他们追求自己喜爱的事业时所表现出的意志坚定、锲而不舍、严谨认真、诲人不倦的治学态度极其相似，这不仅为后人津津乐道，更是今天我们教育中学生的重要资料。

我国古代数学家都是德才兼备的典范。刘徽一丝不苟、实事求是、推陈出新，创作了《九章算术注》《海岛算经》，给后人留下了宝贵的数学遗产；著名数学家祖冲之"亲量圭尺，躬察仪漏，目尽毫厘，心穷筹策"的认真严谨、踏实肯干的精神是留给后人的不可多得的精神财富；徐光启时刻关心国家的前途命运，他刻苦认真、孜孜不倦、无私奉献的高尚品德让后人无比敬佩；华罗庚虽然只有初中文凭，但长大成人的他才华横溢，推动了数学事业的巨大发展；陈景润勤奋刻苦、顽强拼搏，十分热爱自己的事业，数十年如一日地潜心于数学研究，他对哥德巴赫猜想的研究处于世界领先地位。

世界数学事业的前进和发展离不开各位数学家的超凡智慧，更离不开他们一丝不苟、严谨治学的态度。一部数学发展史，就是数学家们不断追求真理、勇于创新、勇攀高峰，实现自己远大理想的励志史。在中学数学教学中，教师应利用这些励志史，端正学生的学习态度，帮助学生树立远大理想，促使学生以杰出的数学家为榜样，努力学习。

## （三）培养学生的道德品质，提高学生的思想境界

数学，有助于学生形成真诚、正直、果敢、坚强等优良道德品质。数学要求计算有法、应用有方、分析有规、假设有度、论证有据、构造有序、进退有制等。数学中的规律、判断、原则和公理都具有不以人的意志为转移的客观实在性，都是经过科学论证后得出的正确结论。学习数学是一件苦差事，尤其是学到一定程度时，更需要学生坚韧不拔的毅力和深思熟虑的品质。只有这样，学生学习数学的道路才能走得更远，才有可能获得更好的成绩。因此，在数学教学中渗透德育，有助于培养学生良好的道德品质。

数学既追求真理，又追求至高的境界。中学数学教师可以在教学实践中，总结出数学概念的统一性，结构系统的协调性、对称性，数学中的奇异性。不难发现，中学数学处处彰显着对称、和谐、简单、奇异、统一的美。因此，数

学教师在教学中要深入挖掘数学的美，采用有效的教学方法将数学的美充分展现在学生面前，以培养学生的审美情趣，提高学生对数学美的感受能力、欣赏能力和鉴赏能力。中学数学教师不仅要传授数学知识，更要启迪学生的心灵，陶冶学生的情操，提高学生的思想境界。

### 三、中学历史教学中的德育渗透

中学阶段，对于中学生来讲，正处于人生观、世界观和价值观的形成阶段，除了学习知识、掌握能力、锻炼身体以外，还要学会做人，做一个品行端正的人。在历史教学中强调渗透德育，是为加强政治思想教育打实基础，从而培养出实现中华民族伟大复兴的中国梦需要的人才。

#### （一）重视爱国主义教育

现在的中学生生活在和平安宁、幸福优裕的社会环境下，对近代中国遭受的深重苦难的悲惨境遇没有深刻的体会。因此教师要营造激情奔放的热血情境，形成感慨万分的情感空间，去培养学生的爱国热情。例如，可以通过林则徐"若鸦片一日不绝，本大臣一日不回"的决心，魏源"师夷长技以制夷"的呐喊，邓世昌"驾舰撞沉吉野"的悲壮，林觉民《与妻书》中对祖国深沉的爱，以及李大钊"铁肩担道义"的誓言等，培养学生爱国主义情怀，从而达到爱国主义教育的目的。

培养学生爱国热情的方式是多种多样的。一是榜样激励。榜样的力量是无穷的，挽救国家危亡的民族英雄、高举义旗的革命烈士、锐意进取的社会改革家、举世公认的科学发明家等等，都是激励青少年学生学习的榜样。二是荣辱激励。历史的发展是不平衡的，五千年的中华文明史中既有繁荣昌盛的盛世，也有民族受辱的衰世。国家兴盛，创业者光照千秋；民族受辱，卖国求荣者永远被人民唾弃。国家和民族的荣辱系于每一个中华民族子孙的身上，教师要激励青少年学生以立志献身于国家民族者为荣，以出卖国家与背叛民族者为耻。三是成就激励。勤奋出人才，中华民族有素称发达的农业文明，在古代科技方面有许多世界第一，举世闻名的四大发明更是惠及全球，这些举世公认的成就，充分显示了中华民族的智慧和创造者的勤奋。

## （二）以史为鉴，树立学生科学的世界观、人生观和价值观

中华民族历来是一个开放的民族，能够吸收借鉴外国优秀的思想文化和先进的科学技术。在几千年的文明发展过程中，中华民族一直致力于文化的传播，为世界文化的发展做出过极为重要的贡献。郑和下西洋、张骞通西域、玄奘西游、鉴真东渡，这些典型的历史事件告诉我们，民族要发展，就要开放交流；文化要发展，就要传承和交融，历史上的开放交流精神正是未来的建设者必要的素质。

学生在成长的过程中会遇到许多认识问题，教师有责任帮助他们解决，教给他们正确的观点和做人的准则。而历史上无数的历史名人所做出的卓越成就，正是因为他们的理想符合历史发展的规律，崇高的理想激发了他们执着、高尚、勇于开拓、报效祖国的献身精神。

## （三）利用历史文物、历史名胜对学生进行德育

第一，组织学生参观历史文化遗址，进行实地讲学，让学生看到祖国的悠久历史、壮丽河山，认识到祖国江山的瑰丽宏伟，激发学生的爱国情怀。

第二，参观文物展览。由于文物的生动、形象、真实等特点，学生更容易接受和理解。

第三，通过各时期的古文物收集，让学生认知不同历史时代的经济、文化，使学生的思想受到熏陶，接受爱国主义教育。

## 四、中学地理教学中的德育渗透

教师要根据学生的身心发展规律，引导他们从现实生活的经历与体验出发，激发他们对地理问题的兴趣，培养地理学习能力。中学地理教学应着眼于学生的全面发展，结合地理学科的特点，培养学生的地理实践能力和探究意识，激发学生地理学习兴趣和爱国主义情怀，将德育融入地理知识学习中，使学生确立正确的人口观、资源观、环境观和可持续发展观。

## （一）深入分析地理教材，找准育人的"渗透点"

让每个学生成为活跃的、负责任的、具有地理素养的公民是地理课程的基本目标，也是地理教学的一个重要任务。

1.充分运用教材内容，培养学生的节约意识

我国的人均土地占有量不足世界平均水平的三分之一，人均森林占有量只有世界的五分之一，人均水资源占有量仅为世界平均水平的四分之一，人均矿产资源占有量不到世界平均水平的二分之一。而且随着人口增长和社会经济的发展，我国对自然资源的需求将继续增长，再加之对资源的利用、保护不当，浪费严重，使得我国的自然资源人均占有量还会日趋减少，甚至出现短缺。通过对我国自然资源人均不足、相对短缺的基本情况的讲述，引导学生认识到应该从我做起、从小事做起、从现在做起，节约和保护资源。

2.培养学生的环保意识

现行的中学地理教材中蕴含了丰富的环境教育内容，其将人类生活的地理环境、人类活动与地理环境的关系作为核心内容。作为地理教师，要吃透教材，深入挖掘教材中环境教育素材，及时进行环境教育的渗透，培养学生的环境意识。例如，在学习我国的自然资源这部分内容时，教师可向学生展示我国土地资源、水资源、森林资源的现状，以增强学生的忧患意识，并向学生公布一系列的关于被污染、破坏的统计数字，引导学生分析产生这些环境问题的原因以及应采取的措施，使学生意识到对自然环境的破坏会导致自然界对人类的无情报复甚至加倍惩罚，从而帮助学生树立正确的资源观、环境观。

### （二）加强国情教育，培养爱国情怀

爱国主义是一个民族赖以生存和发展的精神支柱。中学生是祖国的未来、民族的希望，在学生中培养民族精神，增强民族自尊心、自豪感，培养他们具有世界的眼光、开放的意识是教师的责任。在中学地理教学中加强爱国主义教育已成为地理教育的一项十分重要的任务，具有重大的现实意义，是国情教育的需要，也是地理教育自身发展的需要。培养爱国情怀，地理学科得天独厚。就中学地理教材而言，涉及许多关于我国的国土、疆域、民族、资源、能源、历史和现代的地理发现、科学成就等，作为地理教师要充分挖掘课程中的爱国主义教育资源，利用地理课堂这一主渠道对学生进行国情教育、爱国主义教育，培养学生的爱国情怀、民族自尊心、民族责任感，让学生树立为使中华民族屹立于世界民族之林而奋发学习的志向。同时，教师还要引导学生从全球范围和世界各国相互依存的角度来认识把握世界现实，并将本国家、本地区、本乡土置于国际大背景下加以思考和分析，从而学会尊重与理解、竞争和合作、关心和交往。

## 五、中学科学教学中的德育渗透

从分科课程来看，物理、化学、生物三门学科都重视课程的德育作用，初中物理、化学和生物课程与高中物理、化学和生物课程是相互衔接的，其渗透的德育精神也是一致的。这里主要分析高中物理、化学、生物三门学科学习领域的课程。

在课程性质方面，三门课程标准都指出了其德育性：物理课程为终身发展、形成科学世界观和科学价值观打下基础；化学课程养成学生科学的自然观和严谨求实的科学态度；生物课程要增强学生对自然和社会的责任感，促进学生形成正确的世界观和价值观。

在课程基本理念方面，三门课程标准都有德育性理念：物理课程的科学素养理念包括知识与技能、过程与方法、情感态度与价值观三个方面的统一；化学课程要求关注相关社会问题，培养学生的社会责任感及人文精神；生物课程提出的生物科学素养理念，是指公民参与社会生活、经济活动、生产实践和个人决策所需要的生物科学知识、探究能力以及相关的情感态度与价值观。

在课程总目标方面，三门课程标准的设计基本精神是一致的，但表述有所不同。物理课程要求使学生有坚持真理、勇于创新、实事求是的科学态度与科学精神；有将科学服务于人类的社会责任感；通过认识人与自然、社会的关系，有可持续发展意识和全球观念。化学课程要培养学生的社会责任感以及热爱祖国、热爱生活、热爱集体的情操，形成科学的价值观和实事求是的科学态度，培养学生的合作精神。生物课程要养成学生的科学态度和科学精神，树立创新意识，增强爱国主义情感和社会责任感，理解科学、技术、社会的相互关系，以及人与自然的相互关系，逐步形成科学的世界观和价值观。

在课程的情感态度与价值观目标方面，三门课程标准也是一致的：中学物理课程要使学生具有科学的好奇心和求知欲，有参与科技活动的热情，具有敢于坚持真理、勇于创新和实事求是的科学态度和科学精神，具有判断大众传媒有关信息是否科学的意识；中学化学课程要使学生逐步形成可持续发展的思想，树立辩证唯物主义的世界观，养成务实求真、勇于创新、积极实践的科学态度，崇尚科学、反对迷信，热爱家乡、热爱祖国，树立为中华民族复兴、为人类文明和社会进步而努力学习化学的责任感和使命感；中学生物课程则要使学生树立辩证唯物主义自然观，逐步形成科学的世界观，培养学生热爱家乡、热爱祖国的使命感与责任感，养成质疑、求实、创新及勇于实践的科学精神和科学态度，热爱自然、珍爱生命，理解人与自然和谐发展的意义，树立可持续发展的观念，确立积极的生活态度和健康的生活方式。

## 六、中学艺术教学中的德育渗透

### （一）中学音乐教学中的德育渗透

音乐是一种艺术，对音乐的学习能释放压力、陶冶情操，更重要的是对音乐的学习能提高我们的精神素养以及审美的意识，所以说，通过音乐教学来提高学生的道德水平是十分重要的。

第一，要提高教师的自身修养，发挥出音乐教育的社会功能。教师是教学者，同时也是文化传递者，其言谈举止直接影响着学生的发展和各种行为。因此，想要提高音乐教学中德育的水平，教师先要努力提高自身的素质能力和水平，才能给学生做好榜样。总的来说，中学生还处于各种能力都在发展的阶段，教师的一言一行都会影响到学生的发挥，教师只有严格要求自己，从自身做起，提高自身的道德修养，才能成为学生模仿的榜样。

第二，音乐教师在进行备课时应该深入挖掘关于教材中有关德育的知识点。备课是各科教师在上课前的准备工作，也是必须要做的工作。备课可让教师了解到关于本节课要讲的课的重点和目标，这对于音乐教学中也不例外。音乐教师在进行备课时，要根据教学的内容挖掘出关于德育的知识，要保证在每堂课中能有德育的知识出现，并作为重点讲解。音乐课堂应该是非常丰富和有趣味的，它包含了很多不同种类的音乐风格和各个时代的音乐作品，教师要根据教材中德育的知识制定一个好的教学方案和计划，并最终通过对内容的整合，将关于德育的知识渗透给学生。需要注意的是，在每节音乐课中渗透德育时不要占用太多时间，否则就失去了音乐教学的意义，同时也会让学生产生反感的心理。例如，在国庆时节，音乐课内容最好是以爱国题材来展开，如教唱《我和我的祖国》这首耳熟能详的歌曲，不但可以活跃课堂氛围，还可以培养学生的爱国情操。同时，教师还可以多选用具有民族特色的歌曲。对于中学阶段的学生来说，通过对歌曲的了解，不用教师过多解释，自己也能明白其中的含义，同时更加热爱自己的祖国和家乡。

第三，在音乐课堂上，教师要根据教学内容把握好渗透德育的时机。在新时代下，学生的思想是开放的也是丰富的，教师也应该开拓自己的思维能力。教师应在备课阶段将音乐背景和德育知识结合起来，这样在给学生讲解时就能给自己提供一个很好的渗透德育知识的契机。例如，在教唱《黄河颂》时，教师就可利用这种方式，让学生先对歌曲的背景有所了解，然后再进行展开教学，最终让学生通过对歌曲背景的了解来陶冶自己的爱国情操，尤其是在歌曲高潮的部分，更应该用激情澎湃的语言高声唱出来，这样才能更好地激发学生的情感，最终在完成教学目标的同时，将德育知识渗透在音乐教学中。

## （二）中学美术教学中的德育渗透

在中学美术课堂教学中有效渗透德育是贯彻和落实新课改要求的重要举措。中学美术在素质教育中占据极为重要的地位，其本身作为美育的重要内容，当中蕴含着众多的德育资源，对学生艺术修养的提升、民族精神的弘扬、学生实践探究能力的培养均具有极为重要的现实意义。同时，在中学美术课堂教学中渗透德育，是促进学生全面发展的重要手段，将时代内容与中学美术相融合，使得学生在感受美术与生活的联系的同时，可以更好地提高应用能力，体会其中所蕴含的独特魅力。

1. 在美术欣赏课程中渗透德育

中学美术课程中所包含的美术资源丰富，涵盖我国古代众多的优秀美术作品，如秦兵马俑、汉画像石、版画、彩陶、青铜器等，在对这些作品进行欣赏、学习的过程中学生可以感受到中华民族传统文化的博大精深，这对学生的认知视野拓展、学习效率提升、中学美术学习任务完成均具有极为重要的现实意义。学生在感受中华民族传统文化作品内涵的同时，更会在无形之中产生一种民族自豪感，于无形之中接受德育。

2. 在美术绘画课程中渗透德育

绘画课程是中学美术教学活动的重要组成部分，学生可以将所学习的美术知识应用在具体的实践活动当中，通过自身思想观念、抽象思维在纸张中的落实来有效加深对中学美术课程的理解，在具体的绘画活动当中感受美术的美好，体会美术的独特魅力，从而通过笔触的感悟来进一步提升思想道德修养，顺利实现中学美术课堂教学与德育渗透之间的有机融合。

3.在美术实践课程中渗透德育

艺术来源于生活，并为生活所服务。在中学美术教学过程中，教师要尊重学生在中学美术课堂教学中的主体地位，各项美术课程教学方案的生成及落实要紧紧围绕学生这一主体进行。对此，中学美术教师要以学生身心发展的客观规律为切入点，所选择的教学内容要符合当前学生能力发展、兴趣强化的客观需求，为学生提供内容丰富、形式多样的美术实践活动，借助具体的活动载体在加深学生对美术知识点理解的同时，更好地提高学生的思想道德修养。例如，在端午节、中秋节、重阳节等中华民族传统节日时，教师可以在班级内部举办以"汇聚经典，展望未来"为主题的美术实践课程，学生可以根据自己的理解搜集与传统节日有关的资料，以多媒体播放的形式为其他同学及教师展示自己搜集的成果。同时，教师可以建议学校在艺术节等节日活动鼓励学生将自己的绘画作品展示出来，以班级为评选单位，对于表现优异的学生或者班级给予奖励。通过这样的方式可以有效激发学生的学习自信心，对学生竞争意识的培养、荣誉感的强化具有极为重要的现实意义。

4.在美术手工课程中渗透德育

手工课程是中学美术课程教学体系中的重要组成部分，中学美术教师要将手工课程教学的主导权交到学生手中，给予学生展示自我的机会。学生通过具体的动手活动，可以更好地感受中学美术教材所蕴含的独特魅力，同时达到提高学生动手能力的中学美术课程教学目标。例如，在剪纸课堂教学中，教师可以借助多媒体为学生呈现与剪纸有关的图片，为学生播放剪纸艺术被纳入非物质文化遗产的视频资料，增强学生对中华民族传统文化的自豪感，让学生更好地感受中华民族民间艺人的精湛技艺，从而培养学生的民族自豪感。再如，在手工课堂上，教师可以将学生划分为几个小组，每个小组设置不同的手工主题，各组学生需要协作完成一个手工主题。对于手工课程结束后所产生的垃圾，教师要要求学生进行自主打扫，通过这样的方式可以有效培养学生团结协作、吃苦耐劳、自食其力的精神品质。

## 七、中学体育与健康教学中的德育渗透

在中学体育教学中渗透德育功能，一方面有利于加强德育的连续性和系统性，另一方面有利于激发学生的学习兴趣。学生在浓厚的兴趣下主动进行体育学习，在提高体育学习效率的同时，能够实现理论与实践相结合的学习目的。

## （一）结合学科特点渗透德育

中学体育教学科目具有集体性、实践性、自由性以及竞争性等基本特点。在实际的体育教学中，适当渗透德育的美育功能，能够在一定程度上强化学生的团结协作意识，促进学生养成良好的体育学习习惯。教师在体育教学中巧妙渗透德育功能，即通过多样化的肢体活动使学生对良好品德的认识更加全面和具体，有利于对传统的体育教学模式进行创新。

## （二）结合授课内容渗透德育

根据不同的教材特点，将德育融入体育教学中。例如，在进行中长跑练习时，大多数学生对中长跑存在片面认识，认为中长跑是一个枯燥的体育项目。实际上，中长跑项目是一项考验学生耐力、培养学生坚强意志的体育活动，对于锻炼学生坚持不懈的精神和毅力具有重要作用。因此，在进行中长跑练习时，教师要为学生介绍中长跑运动的重要意义，引导学生正确认识中长跑运动，使学生在参加中长跑运动时勇于挑战自我、培养坚强的意志。在进行中长跑教学中，教师应更好地鼓励学生攻坚克难、挑战自我、挑战极限，发扬顽强奋斗的精神。在障碍跑教学中，教师要引导学生积极进取，视障碍为前进中的困难，唯有战胜了才能通往成功。在球类教学中，教师要安排集体项目活动，培养学生团结协作的意识，合力完成任务，共同努力实现集体目标。此外，依教材的内容可以安排对抗性的游戏活动，让学生切身体会到集体的力量和成功的来之不易。

采用多种形式激发学生的学习热情，强化协作意识。在教学中，教师要根据学生的身体素质差异进行分组，打破以性别进行分组的限制。在每节课结束时，教师应立即进行教学评价，使每个学生可以体验到成功的感觉。同时，每节课结束后，小组轮流为下一节课做准备。

## （三）结合学生发展渗透德育

由于中学阶段的学生在家庭背景、学习能力、接受能力、兴趣爱好等方面存在差异，教师在体育教学中渗透德育时，要充分尊重学生发展的差异性，仔细观察学生思想意识、道德行为等方面的变化。例如，对于班级内体育学习热情较高、体育成绩较好的学生，教师要适当提高体育练习难度，进而提高学生的体育水平；对于体育学习兴趣缺乏、体育成绩较差的学生，教师要设置难度较小的练习目标，培养学生学习的信心，增强学生学习的热情，提高学生练习的积极性。

### （四）结合授课教师特点渗透德育

#### 1.教师的语言影响

在体育教学中，教师的教授是对学生进行思想道德教育的关键。作为教师，必须加强自我修养，提高素质，落实立德树人根本任务。教师要行为大方、说话文明，在教学中表述规范、言行一致，对学生施加潜移默化的影响，达到思想道德教育的目的。教师语言要简洁，有强烈的逻辑性，既幽默又不粗俗。教师通过自己的语言影响和感染学生，能使学生养成文明用语的良好习惯。同时体育教师要自律，带头示范，带动学生进行自我教育和养成良好的行为习惯，这是至关重要的一点。

#### 2.师生之间的关系影响

教师对学生的尊重和关心，既能体现教师的高尚品德，也是教育的重要原则。在课程建构中，教师应创设情境，让基础较差的学生也有一定的锻炼和表现机会。例如，在关于技能练习的最后评价中，除了学科标兵展示外，还可以要求在某个环节中学习进展不佳的学生做些简单的练习，以鼓励他们的进步，提升学生参与的热情。这种方式不仅有助于提高学生的信心，也能让他们感受到团体的温暖。

# 第四章　新时代中学德育课程改革与实践

## 第一节　中学德育课程改革带来的新变化

和中学其他课程与教学相比，中学德育课程与教学具有更强的国家意志，历来受到世界各国的重视。考察中学德育课程与教学的发展历史，总结中学德育课程与教学发展中的经验教训，对于推进中学德育课程建设与教学发展，更好地发挥其德育功能，无疑是具有重要意义的。

中学德育课程改革给中学德育课程和教学带来了许多新的变化，主要表现在以下六个方面。

### （一）改变课程名称

中学阶段的课程名称由原来的"思想政治"改为"思想品德"，这种改变既是课程发展的需要，也是学生身心发展的需要。从课程发展来说，在课程改革中，教育部是从整体上设计的从小学到高中的德育课程，小学 1—2 年级为品德与生活，3—6 年级为品德与社会，初中为思想品德，高中为思想政治。从学生需要来说，中学生正处于身心迅速发展和学习参与社会公共生活的重要阶段，处于思想品德和价值观念形成的关键时期，迫切需要在思想品德的发展上得到有效帮助和正确指导，在这个阶段开设思想品德课完全是适应初中学生身心发展需要的。

### （二）转变课程与教学的功能

首先，兼顾社会需要和学生发展。过去的中学德育课程与教学过分强调其社会功能和政治功能，设计课程与教学的出发点是根据国家和社会的需要。教育部相关政策性文件强调，初中思想品德课要以初中学生逐步扩展的生活为课程建构的基础，高中思想政治课要构建以生活为基础、以学科知识为支撑的课程模块，体现了中学德育课程要贴近学生生活、关注学生发展的要求。其次，凸显情感、态度与价值观教育。新的中学德育课程与教学强调知识、能力以及情感、态度与价值观的三维目标体系，而且在这个三维目标中，注重情感、态度与价值观，重视能力的培养，知识仅仅是作为手段而存在的。

### （三）调整课程结构

首先，实行必修与选修相结合，加强选修课程。如人教版高中思想政治教材设置了四个必修模块、六个选修模块。其次，在关注国家课程的同时，为开发地方课程和校本课程提供了较大的空间。学校课程类型的多样化有助于学生的全面发展，这将为从根本上改变我国学生过分追求学业高分、综合素质低、主动学习能力弱的状况提供有利条件。

### （四）更新课程与教学内容

总的来说，新时代中学德育课程与教学内容加强了与学生生活和社会发展的联系，坚持以马克思列宁主义、毛泽东思想、邓小平理论和"三个代表"重要思想、科学发展观、习近平新时代中国特色社会主义思想为指导，精选对学生发展终身有益的知识和技能。在具体操作上，既删除了一些繁难偏旧的内容，又适应社会发展和学生需要，增加和补充了一些新的内容。就初中思想品德课来说，随着课程名称的改变，政治方面的内容做了一定程度的删减，品德教育的内容有所增加；就高中思想政治课来说，在必修内容中增加了"文化生活"模块，选修模块也基本上是新增加的内容。

### （五）变革教学方式

新课标强调要改变传统的教师"传授"、学生"接受"的教学方式，倡导学生主动参与、乐于探究、勤于动手。例如，高中思想政治课程标准强调，要采用灵活的教学策略，"把教师主导的'目标—策略—评价'的过程与学生经历的'活动体验'表现的过程结合起来，引导学生在范例分析中展示观点，在价值冲突中识别观点，在比较鉴别中确认观点，在探究活动中提炼观点，进而有效地提高学生理解、认同、确信正确价值标准的能力"；倡导研究性学习方式，结合相关内容，鼓励学生独立思考、合作探究，为学生提供足够的选择空间和交流机会，能够从各自的特长和关切出发，主动经历观察、操作、讨论、质疑、探究的过程，富有个性地发表自己的见解，以利于培养求真务实的态度和创新精神。

## （六）重建评价体系

中学德育新课程与教学以学生发展为本，自然要求改变过去传统的评价制度，建立发展性评价体系。实现评价目的由过分强调甄别与选拔向促进学生全面发展转变；评价内容由单纯重视知识评价向重视学生全面素质评价转变；评价方式从单纯纸笔测试向综合运用多种评价方式转变；评价主体由一元向多元转变。

# 第二节　中学德育课程改革的路径

## 一、强化对教师的培训工作

### （一）加强对新教师的培训

新教师一般刚从院校毕业，理论知识比较扎实，但是实践经验不足。学校应该对刚入校的新教师进行有针对性的培训，让他们充分了解本校的历史、校训和校内外环境。另外，学校还应让刚入校的新教师了解学生的心理特点，学会与学生进行交流，知道如何在尊重学生的基础上对学生进行细致入微的教育，与此同时，也要学会与学生家长进行有效的沟通，共同搞好学生的教育。

### （二）加强对班主任的培训

班主任是班级教育管理工作的一个重要的岗位，一名称职的班主任可以对学校教育工作产生积极的影响和有效地促进。班主任在经过德育培训后，应该知道如何采用学生比较喜欢的方式对学生进行道德教育。比如，除了传统的班会外，班主任还可以通过组织学生看德育电影、电视节目等方式对学生进行道德教育。另外，班主任应该重视实践对德育工作的巨大作用，要在保证安全的前提下，积极组织本班学生外出参观访问，学会调动校外的积极因素。

### （三）加强对任课教师的培训

要把中学德育工作搞好，光靠专业德育教师是不够的，学校各科任课教师在促进德育工作的开展上也是责无旁贷的。在日常的教学活动中，德育意识应该时时刻刻存在于各科教师的脑海之中。各科教师在教学过程之中，不能只局限于把本学科知识传授给学生，还要在培养学生道德意识、道德行为和与社会现实接轨的实践能力上下功夫；特别要结合本学科的特点，巧妙地把德育与日常教学联系起来，使学生既学到科学知识，又学到德育知识。

## 二、增强对隐性德育的认识

### （一）显性德育课程和隐性德育课程必须结合

在德育课程改革的进行过程中，显性德育课程和隐性德育课程是相辅相成、不可分割的，二者是相互补充、相互支撑的。在日常的教育活动中，教育工作者不能厚此薄彼，更不能顾此失彼。大家都知道，包括学科性德育课程和活动性德育课程在内的显性德育课程是德育课程实施的重要形式，社会普遍的道德规范和行为准则还要依靠这两种德育课程形式来传播。而隐性德育对个体"潜移默化"和"不知不觉"的影响同样应引起教育工作者的充分注意和重视，忽视隐性德育，德育对学生的影响力就会大打折扣，相应的实效性也会受到很大影响。所以，显性德育课程和隐性德育课程必须结合在一起，才能把德育课程的最大效果发挥出来。

### （二）充分认识德育与隐性德育的联系

德育的内涵是丰富的，既有与物质文明有关的部分，也有与精神文明有关的部分；既能影响观念，又能促成行为。德育的这些特点使其反映的隐性德育会对学生产生耳濡目染的影响。教育工作者要充分认识到隐性德育对受教育者产生的重大影响。在"德"的内容选择上，构成其主题内容的各章节体系应以由浅入深、由易到难、循序渐进的方式构建其"德"之整体结构，使之达到优化有序的重组。在"育"的策略运用上，按照内容决定形式的理念，选择单一与多元、简单与复杂、传统与现代的"育"的灵活运用，使"德育"取得最大的效果。

### （三）隐性德育课程要做好理论与实践相结合

从德育课改的本质来说，德育的最终目的就是使学生有良好的品格、高尚的情操、优良的行为举止、对美好事物的追求、求真务实的品质。每个学生都不是单独存在着的，他们个人的成长无法离开环境，无论何时，都受着社会、学校和家庭在隐性德育方面的深刻影响。其中，社会环境对学生的影响是学校教师和家长无法有效掌握和控制的。因此，在德育课程改革过程中，教育工作者要特别重视社会实践的作用，学生应该在实践中自己进行学习和体会，在复杂的社会环境下接受应有的历练。对于学生在实践中学到的好的东西，教师应该及时给予鼓励和指导，让其逐渐转化为学生内心深处稳定的品质；对于学生接触到的不好的东西，教师也有义不容辞的责任给予教育和化解。只有经历了这样一个过程，隐性德育的功能才能更好地发挥出来。

### （四）认识到学校环境建设对隐性德育的作用

学校环境是由软环境和硬环境构成的，也就是学校的物质环境和精神环境，这其中到处都有隐性德育课程的踪迹。要搞好学校的隐性德育课程，学校的物质环境的建设和精神环境的建设都不能忽视。物质环境的建设绝不仅仅是盖楼、种树、栽花，而是在加强各种基础设施建设的同时，研究怎样在优良的物质环境中培养学生的公共意识和环境意识。另外，在精神环境的建设方面，学校应该根据德育新课改的要求，制订德育目标，通过各种方式对德育工作进行大力的宣传。学校要积极建设良好的校风、学风和班风，整个学校要形成积极向上的氛围，只有这样才能做好学校的精神文明建设，才能做到隐性德育，给学生以良好的影响。

## 三、拓展中学德育课程资源的获得渠道

### （一）发挥教育管理部门的作用

政府教育主管部门应加强开发与利用德育课程资源的管理力度。主管部门应提高认识，召开加强开发与利用德育课程资源的专项研讨会，制订适合本地区的德育课程资源开发与利用的近期指导意见和中长期规划，制定有地区特色的实施细则，以使政府规划既具有前瞻性又具有可操作性。通过政府的统筹协调和规划指导，使各级各类学校既有政策可依又有模式可循，同时政府应加大德育课程资源的开发力度，增加开发德育课程资源的专项资金，并建立督促机制，尽快将资金落实到项目中。

### （二）发动全社会的力量

要对德育课程资源进行利用和开发，就应该充分发动全社会的力量，充分

发挥全社会的积极性。社会上的课程资源种类很多，如图书馆、藏书室、博物馆、展览馆、纪念馆、遗迹遗址等，如果能充分地利用好这些宝贵的资源，把这些地方当作学生学习资源和教师教学资源的宝库，经常组织教师、学生参观访问，德育会进行得更加顺利。另外，还应该鼓励社会和个人积极地把各种德育课程资源捐赠给学校，这也可以提高学校德育课程资源的丰富程度。

### （三）学校、教师、学生有机结合

学校和教师应该在发挥好传统的德育课程资源在日常教学中作用的基础上，积极依靠相关师资力量开发好地方性课程资源。学校教师应该在学生的参与和配合下，尽最大努力对本校的德育课程资源进行充分的利用，把学校的各种德育课程资源灵活有效地运用到教师上课和学生学习的各个环节当中去。另外，在课余时间，教师和学生应该共同努力，合作开发和整合有本地特色的地方性德育课程资源，这样能使理论与实践相结合贯穿于学生的整个学习过程中，最终使他们学会学以致用。

### （四）重视家长的作用

在家庭教育中，家长应重视各种德育课程资源，不能仅仅关心孩子的成绩和书本知识，还要鼓励他们多出去走走看看，要充分利用节假日和周末时间，多陪同孩子走出家门，观察外面的多彩世界，只有这样，才能让孩子在学好书本知识的同时，获得健壮的体魄、健全的心智。另外，家长都有各自的事业，自身的成长经历就是一个个德育课堂资源宝藏，另外，很多家长本身也多才多艺，教师可以充分利用这一点，除了传统的家长会、家访以外，在家长有时间的前提下，还可以邀请家长到学校和学生一起上课、一起讨论，这样家长和学校密切协作，可能会起到意想不到的良好效果。

## 四、重视实践的作用

杜威指出："从别人那里听来的知识也许能使人产生某种行动，以赢得他们对某些活动所给予的认可，或至少给别人得到一种和他们的意见一致的印象。

但是这种知识不能培养个人的主动性和使他忠于别人的信念。"① 所以说，道德教育绝对不能离开实践。教师应该密切关注学生在日常生活中的行为举止，了解学生在校内校外的表现情况，掌握学生的思想动态，在此基础上，对学生进行有效的指导。教师还应适当布置课下的实践性作业，让学生去实践、去观察、去感受，这样可以有效地把课内课外、校内校外有机地连接起来，使德育工作更加有效。

### 五、改善中学德育课程评价体系

在新德育课程改革的条件下，学生在评价体系中要积极主动地参与到这个过程中，只有让学生参与进来，才能让学生对自己的活动和行为进行不断总结和思考，对自己进行自我调整、自我完备、自我校正，进而促进教育质量的不断提高和德育实效性的不断增强。德育评价改革要牢固确立学生在评价中的自主性，树立学生既是德育活动的主人又是德育评价的主体的观念。这种评价方式不仅有传统的教师评价学生，还包括学生对自己的自我评价和学生之间的相互评价。

---

① 约翰·杜威. 民主主义与教育 [M]. 王承绪，译. 北京：人民教育出版社，2001：374.

# 第五章 新时代中学德育管理发展创新

## 第一节 中学德育管理概述

### 一、德育管理和中学德育管理的概念

#### （一）德育管理的概念

管理是一种比较古老的人类活动，也是一种比较普遍的社会现象。管理来自生产的社会性。随着人类社会的发展、社会分工的不断细化，管理也就应运而生了。可以这样说，管理涉及的范围非常广，不同的学者对于管理的定义有着不同的界定，产生了很多不同的解释。法国著名管理专家亨利·法约尔认为，所谓管理就是有计划地实行的一系列组织、协调、指挥、控制等职能，它将领导人和工作者区分开来。① 我国著名哲学家齐振海从哲学的角度认为，管理是人们在长期的社会实践过程中，在不断地认识社会客观事物的过程中，通过决策、计划、组织和实施所开展的一系列活动，通过决策组织有效地利用人、财、物，借以实现社会的共同目标。② 著名管理学家萧宗六说，管理就是管理者有目的地引导人们去完成一项特定的工作或者任务的过程。③

狭义上，教育管理一般仅仅局限在学校范围内，学校管理就是学校的相关

---

① 亨利·法约尔.工业管理与一般管理[M].周安华，林宗锦，展学仲，等，译.北京：中国社会科学出版社，1999：63.

② 齐振海.管理哲学[M].北京：中国社会科学出版社，1988：67.

③ 萧宗六.学校管理学[M].北京：人民教育出版社，1988：27.

领导和负责人，按照相关的要求，运用特定的方法，采用针对性的手段，充分发挥人力、物力和财力，实行的一系列措施，借以实现学校的正常教学目标。德育管理可以说是学校管理当中最为重要的一个部分，任何学校的管理都离不开德育，德育管理是必不可少的。

具体来说，德育管理就是根据管理的具体目标，有计划、有组织地实施并进行控制，利用各个方面的德育因素，进一步地培养被管理者。德育管理工作包括德育思想管理、组织管理、目标管理、计划管理、过程管理和质量管理等六个方面的因素。一是思想管理。实行思想管理的主要目的在于进一步提升管理者对于德育工作的重视，要求管理者能够进一步端正管理的态度，重视德育，统一各项要求，确保能够做好学生的思想教育工作。二是组织管理。德育工作在进行组织管理的过程中，要加强成员的德育素养，建立一个强大的德育组织系统，发动学校不同的成员一起参与到学生的管理工作当中，发挥家庭和社会的积极性，共同开展良好的教育。三是目标管理。德育工作的管理很多都是自上而下的，学校要依据统一的政策法规，有效结合学校自身的实际情况，将管理的目标条块化、系统化，把德育工作总体的目标拆分开，分成各个单项的目标，它们和总目标一起，共同构成德育管理的目标体系，形成一个有机统一的网络架构，从而保障德育工作的顺利开展。四是计划管理。有了德育工作统一管理的目标，就要根据这个目标制订各板块详细的计划，明确在不同阶段、不同时期的德育工作的管理方法、管理内容和管理方式，保障一切能够按照计划进行。五是过程管理。在整个德育管理的进行中，应该足够重视管理过程，对目标进行有效的控制和调节，使每个阶段的目标和任务都能够保质保量地完成。六是质量管理。在进行质量管理的过程中，学校一定要结合自身的发展实际进行管理，加强对德育工作的质量控制，对不利于开展德育工作的各项要素进行排除，做好德育工作的总结和反思，不断开拓创新，实施新型的管理模式。

德育管理工作是学校管理工作的重要组成部分，是学校正常运行的一个重要保障。德育管理是一个动态、变化、发展的过程，在德育工作的进行中会涉及多个方面的因素。只有将影响德育方面的各个因素综合起来，才能够保障德育工作的顺利进行。只有学校加强对德育工作的管理和控制，才能够全面提升学校的教学质量，培养出适应时代发展的创新型、复合型的人才。

## （二）中学德育管理的概念

中学德育管理，顾名思义，是对中学这个教育阶段的德育工作的管理，其针对的管理对象主要是中学生。具体来说，中学德育管理就是对中学德育教学过程中的对象与目标、行为过程、方法与对策、问题与督导等各个方面进行的全方位的评价。它既包括教育行政部门（从教育部到地方教育行政主管部门）对所辖地区各中学的德育工作的宏观管理，又包括中学对本校德育工作的管理（微观管理），以及二者的有机结合。对广大在第一线工作的中学校长、主任、教师来说，德育工作的微观管理是直接现实的事情和问题，因此，一般所说的中学德育管理主要是指中学对本校德育工作的管理。从这个角度看，中学德育管理的含义是中学管理者根据国家的教育方针政策，按照学校总体要求和德育计划，组织实施德育的机构和工作人员，协调机构之间、机构与人员之间以及人员相互之间的关系，以保持德育机构良性运转和德育工作人员良好的工作状态，提高德育效率，实现德育目标的过程。这个含义表明中学德育管理是一个动态的过程，而不是某种静止的状态，这是所有管理的共性。"国家的教育方针政策"是学校管理和德育管理的根本。中学德育管理的主体是"中学管理者"，这是一个有层次的管理群体，包括校领导、德育主任、一般管理人员等；德育管理的逻辑出发点是学校总体要求和德育计划，计划是管理的基本职能之一，是管理的第一件事，中学德育计划作为分项计划由德育管理者拟订后成为学校总计划的一部分；德育管理的归宿就是中学德育目标，德育的一切工作包括管理都是为了实现德育目标；德育管理的重要内容是组织、协调，通过组织、协调使机构和人员都处于良好的秩序和状态中，这样才能提高德育的效率，以便更好地实现德育目标。

## 二、中学德育管理的特殊性和任务

## （一）中学德育管理的特殊性

中学德育管理和其他类型的德育管理相比，有很大的不同之处，这个不同之处主要在于管理对象的特殊。中学德育管理工作的对象是中学生，中学生正处在智力、体力成长和发展的关键时期，其心理和生理素质还远远不达标，具有很强的特殊性，而且他们正处在个性发展的过程中。因此，这个时期的德育管理对中学生来说至关重要。针对中学生的特点，德育管理者必须采用合适的方法和途径，设定一定的目标，进行局限德育管理，这样才能达到预期的德育管理的效果。

改革开放 40 多年来，中国人民的生活发生了翻天覆地的变化，人们的物质条件得到了极大层次的提升，精神生活也得到了很大程度的提高。当代中学生不同于以往，他们所接触到的事物都是最新鲜的，视野更加开阔，思想层次也得到了很大的提升。这种思想层次的提升有助于学生树立起"实事求是"的观念，使中学生能够养成良好的道德品质，具备较高的自我修养。但是我们也应该看到，随着经济全球化的加深，国家间的思想意识形态也各有不同，这在给学生带来更广阔视野的同时，也给德育工作带来了严峻挑战。在这种情况下，在面对多元文化发展的过程中，学校、家庭都应该积极地发挥好自身的作用，帮助学生树立正确的思想意识形态。中学的德育管理工作更应该审时度势，消除当前对中学生成长不利的因素，强化有利因素，保障中学生健康成长。

## （二）中学德育管理的任务

中学德育管理工作是中学教学过程中十分重要的一项工作，也是整个中学管理工作的重要组成部分。中学德育管理工作的重点就在于尽一切可能提升工作效率。德育工作的效率不同于一般工作的效率，德育工作的效率主要是指德育工作预期目标的实现与完成程度，因此对德育工作的处理必须从有效性出发和着手。

中学生是祖国未来的希望，是未来建设国家的栋梁。因此，中学的德育管理至关重要，同时，中学德育管理要与时俱进，只有各个学校充分结合中学生的实际情况和特点展开德育，才能真正地发挥德育管理的效能，达到中学德育管理的目标。如今的中学生不同于之前，他们的思想更加超前，也更加富有时代特征，这种转变对于德育工作者开展德育工作来说是一个不小的挑战。针对中学生思想变化的特征与阶段，在德育工作中讲究实际，摆脱说教的方式，在教育方法上更加科学合理，有的放矢，才能够真正提升中学德育工作的成效。

## 三、中学德育管理的基本原则

### （一）整体性原则

学校在德育管理中贯彻整体性原则，特别要求在德育目标上，政治、思想、道德和个性心理等各方面素质的培养应是整体的、全面的，不能忽视任何一个方面；在德育内容上，德育相关规定的各方面内容要有整体的安排和统一的筹划，不能留下空当或盲点，每一项内容又应包括认知、情感、行为等方面；在德育途径上，要调节校内各德育途经使之整体地运转，互相协调、互相配合，同时，学校德育又要与校外的家庭和社会的德育结成一体，形成合力；在工作管理上，德育的思想管理、组织管理、目标管理、常规管理、制度管理、质量管理等都要照顾到、管理好，对学生从入学到毕业要实行全程的严格管理。

### （二）民主性原则

学校在德育管理中贯彻民主性原则，要求在管理过程中把被管理者（教职工和学生）既看成管理的对象，又看成管理的主体，平等地以诚相待，虚心听取他们的意见和建议，尊重和采纳他们的合理建议，提高他们参与管理的积极性，实现集中管理、制度管理与民主管理的统一，防止管理失误，保证计划实现。贯彻民主性原则可以培养和提高学生"自己管理自己、自己教育自己"的意识和能力。

### （三）科学性原则

学校在德育管理中贯彻科学性原则，要求德育必须按照青少年学生的生理、心理和思想的发展水平和特点进行（如不同年级的德育内容应有所不同且循序渐进）；必须遵循德育的规律（如德育中必须贯彻理论与实践相结合、热爱尊重与严格要求相结合、教授与疏导相结合、集体教育与个性教育相结合、因人因境施教等基本原则），使德育真正实现科学化，使德育管理真正实现科学管理。

### （四）规范性原则

学校在德育管理中要建立起一整套的规范和制度。有的规范和制度是全国或全省统一的，如《中小学生守则》《中学生日常行为规范》等；部分规范和制度是学校根据实际情况制定的，如适用于德育工作人员的《岗位职责》《工作制度》等，适用于学生的《课堂常规》《学籍管理制度》《学生宿舍管理制度》等。有了完整、严格的规范、制度，德育管理才能实现规范化。

### （五）社会性原则

在中学教育中，德育的社会性最强，即德育受社会环境的影响和制约最大。学校在德育管理中贯彻社会性原则，主要是充分利用社会环境中对德育有利的因素和社会上的德育力量，同时，分析研究社会环境对教职工和学生的影响，采取相应的对策，以扩展、深化正面影响，克服、消除负面影响。

### （六）教育性原则

管理者对被管理者进行有关管理知识及目的等的教育，使他们明白有关管理措施的意图，乐意并有能力完成各个管理环节所提出的要求。管理者要提高自己的德育理论水平及管理能力，能说明管理的科学性及各种措施的必要性，能拿出有效的办法和对策。管理者要严格要求自己，使自己的言行能起到示范作用，以提高自己在教职工和学生中的影响力。

# 第二节　中学德育管理的创新模式探索

## 一、树立正确的德育管理理念

教育学家苏霍姆林斯基认为："只有能够激发学生去进行自我教育的教育才是真正的教育。"①学校能够实施德育，在于其能够促进学生的思想品德成长。而对于道德本身来讲，它更加取决于个体的自我约束以及对道德义务的认同感，教育只是增加这种引导作用以及调节作用。中学生具有较强的独立个性，他们自身的道德品质的形成过程更多地依靠自我的构建以及自我的实践，学校要在他们形成自我的道德品质观时加以促进和引导，通过他们的内在感受做到自觉自愿形成正确的道德观。道德教育要强调学生的主观能动性，要尊重学生的道德选择与需求，在他们自身修养的基础上加以引导，以帮助他们形成正确的道德观。比如，对学生的主观能动性加以激励，加强他们内心的自我约束感，从而使道德这种抽象的概念以一种日常的生活状态体现在学生自我的规范行为上。另外，需要考虑到的还有"主体性德育"，这种主体性德育的培养是学校加强德育必须尊重和选择的。同时，在加强德育的实用性方面，学校应该凸显学生自我的主体地位。在正视社会的政治、经济、文化等变化的基础上，更需要重视学生的思想道德形成的客观规律，以这种客观规律作为指导，反思中学教育中使用的方法和执行的手段，对新出现的情况加以分析，及时解决出现的问题。更重要的是，在德育中需要格外重视德育实施的主体——德育中人的主动参与和投入，同时需要格外重视将人的精神和意识加以弘扬。这样一种亲身体验感是思想道德形成的基础，因此说，有效实施加强德育的探索是构建以主体能动性为主的德育体系中极其重要的一环。

这种构建多种要素相互交融的中学德育观是具有时代精神的一种行为，只有科学的教育方式和方法才能为德育打下坚实的基础。具备良好的道德判断能力十分重要，只有这样才能在道德方面做出正确选择，成为一个真正有道德的人。

---

① 雷俊.加强中学教学中德育管理的思考[J].华夏教师，2019（23）：91—92.

德育培养了学生独立的判断能力，因此在他们面临具体问题时，不管所处的环境是复杂还是简单，对他们来讲，道德判断的标准依然掌控在自己的手中，从而可以做出正确的抉择。所以说在教育中，尤其在中学教育中要尊重学生的主体性，让他们自我主动参与到教育中去。对学生的培养要更加注重学生参与精神、主体精神以及对学生的主体性加以体现。也唯有这样的一种方式，才能调动学生的主观能动性，充分发挥学生的主体作用。在德育中，我们应该充分地利用学生的个体差异，对学生的自觉性、自主性、创造性以及能动性加以引导和调动，为学生的成长提供足够的空间。

## 二、提高学校德育管理的针对性

### （一）强化德育管理工作在学校工作中的地位

人才在当代社会中成为最核心的竞争力，人才的培养在于教育水平的提高，而教育的主体又是学校，因此，对学校而言，培养人才是其最核心的工作。培养学生不仅仅是教授其知识技能，更重要的是对学生进行思想素质教育，因此，德育管理工作在学校的地位尤其突出，德育工作的强化对高素质人才的培养有突出的作用。品德和智慧是人才的两个重要因素，只有具备高素质和高智慧的人才能够更好地服务社会。二者相对而言，品德更加重要，良好的品德是聪明才智的奠基石。当前，学校的主要工作是德育工作和知识传授工作的共同发展，我们追求的是德、智、体全面发展的高素质人才，思想品德的教育被放在首位。对于学校德育管理者来说，要把握好方向，始终以德育管理工作为核心开展其他工作，只有德育工作的良好开展才能有其他工作的良好成果。同时，在进行德育管理工作时不能机械地只针对学校，要联合家庭、社会，让所有人都参与进来，共同进行德育管理体系的建设，充分调动各个主体的积极性，形成以学校为核心的德育管理体系，共同落实德育工作。

### （二）构建完善的德育管理体系

1.进行梯度管理体系建设

构建职责分明、以校长为核心的德育管理体系。学校各级组织相互协作，以校长为核心的领导小组要把握德育工作的方向，进行宏观调控，校长要联合德育副校长、家长委员会代表和法制副校长把核心的组织工作落实到位，同时要同其他组织保持畅通的交流，逐级开展校园德育工作，将责任落实到各级组织。另外，校长也要联合相应的横向组织，如教导处和总务处等，使德育工作不仅在各级德育组织间开展，更能横向地进行。全面的德育管理工作应覆盖校内各个岗位，不仅校领导、教师要增强德育管理意识，各岗位职工也应该有相应的意识。为了杜绝互相推卸责任，各级德育管理组织要有相应的行政区分，保证有绝对的领导和被领导的区分，明确责任，使德育管理工作高效运行。

2.校内校外结合，共同完成德育体系建设

在进行校园德育体系建设的同时，不能忽视家庭和社会的功能，要增强全社会共同参与的意识，把德育工作从校园内扩大到全社会，以学校为主，家庭、社会为辅共同完成，设立班级、年级、学校三级"学生家长委员会"，创办"家长学校"，真正做到内外结合、共同发展。另外，在建立健全德育体系建设的同时，不能忽视学生主体的自我管理。虽说德育工作的服务对象是学生，但如果加强了对学生自我管理教育的督促，相信会起到更加良好的作用，因此，可将学生作为德育体系的最基层组织。

### （三）加强学校德育管理工作队伍建设

自我品德建设和接受别人的教育是学生形成良好思想品质的两个重要途径，即所谓的"修养"和"教养"。修养是指通过自我感悟，形成良好的品行；教养主要是指通过相关的教育，知晓道德伦理。修养和教养的结合是促成高素质人才培养的关键。

"师者，传道授业解惑也。""学高为师，身正为范。"作为学校教育工作的主要参与者，师德的建设关乎学校德育管理工作的成败。在学生的眼中，教师是其人生道路上重要的指引者，对其塑造正确的人生观、价值观有重要的意义。对于学校来说，教师队伍整体素质的建设尤为重要，要把师德建设放在所有工作的首位，作为评价教师能力的首要条件。学校要以高素质的教师队伍服务学生，以教师自身的品德素质感化学生，身体力行，为培养高素质人才打下良好的基础。

培养教师职业道德应从以下几个方面入手：①教师要尊重学生。每个学生内心都可能有一个较为敏感的角落，为人师者要充分尊重学生，只有维护学生尊严才能换取学生对教师的尊重，才能让其心甘情愿地接受教师的观点。另外，相互尊重在师生间至关重要，学生对教师尊重，有利于教育工作的顺利进行。②不断提高师德修养。不能故步自封地认为教师就可以不用学习。学习是一项长远的事情，教师本身也应该不断地提升。时代在改变，教师的观念也应该改变，师生互相学习、共同进步，良好的互动是提升教师自我品德的有利途径。③要着眼于学生的可持续发展。教师应以人为本，在有限的时间里，着眼于学生的长远发展，培养其适应社会的能力，健全其人格，充分展现其个性，将其培养成对国家、对社会有用的高素质人才。

### 三、德育管理与心理健康教育相结合

在社会主义市场经济浪潮的背景下，我国社会也日益呈现出多种多样的态势，在这样的发展状况下，学生的道德问题便与心理问题紧密结合在了一起。解决学生的心理问题就是在解决学生的道德问题。可以通过德育工作辅助学生建立正确的价值观、人生观以及世界观，有效提高他们的心理承受能力。因此，在教育教学活动中，学生的心理健康与思想道德健康有着紧密的联系，增强学生的心理素质也是在建立道德上的标准，从而使学生能够同时注重心理以及道德的健康发展，将心理健康摆在与思想道德健康同样重要的位置，进而形成健全的人格。德育工作要能够有效地融入心理教育的内容，将传统的教育方式改变过来，适当引入一些前沿的心理学教育活动，对学生进行多方面心理沟通，以达到更好的效果，提高德育的时效性。

#### （一）帮助学生认识自我，开办心理健康教育讲座

学校在提高学生心理素质时，可以通过开展教育讲座来提高学生的承受能力，如"增强心理承受能力，克服考试的焦虑""健康的心理是成功的基石""控制情绪，学会培养积极心态"以及"让良好行为转变成习惯"等一系列讲座，通过举办这些讲座让学生学会更多调节情绪以及心理状态的方法。在开展讲座时还应该注意，讲座应该在一种欢快的氛围下进行，而不是为学生增加心理上的负担，否则将造成更多的损失。因此从上面的一些基本情况来看，开展心理讲座应该要做到下面几点：

第一，对学生在日常生活中可能出现的各种问题，以一种简单轻松的方式

将这些问题引导出来，激发学生的表现欲望，让学生能够在自愿且敞开心扉的条件下接受讲座所要表达的问题。比如，在讲解意志的问题时，应该为学生营造一种生动的形象，对学生的不良反应加以引导改正，完成讲座所要达到的目的，实现磨炼学生意志的目标。

第二，把握行为的表现是讲座的重点问题，将教育的要求及时融入训练中，重视行为表现出来的信息，做到言必行的效果。美国著名心理学家卡耐基在书中这样描述过：要勇于去做那些你不敢做的事，并通过努力取得成功。因此在现实生活中我们也要注意到，针对学生的心理承受能力差等问题，让学生学会自我走出内心的"黑洞"，让学生学会认识自我、寻找自我，不断对自己进行磨炼，以最终成为一个成功的人。

在面对问题时要学会抽丝剥茧，一个一个分析解决，对学生的问题也应该分步实施，解决存在的心理问题。

### （二）组织多渠道、多形式、多内容的实践活动

在现今社会中，学生的心理教育有很大一部分需要他们多参加课外活动，感受外面的世界带给自身的冲击感，将自己融入社会中，学会情感交流以及合作共享，培养社会生存能力。学生参加社会实践活动有利于自身在社会这个大群体中认识自己、评估自己，这对于学生在社会中认识和评估他人也很重要，可以使学生在社会活动中充分看到彼此之间的优缺点。同时，参加这样的活动也能促使学生增加自己的包容心和理解力，使学生能够进行自我疏导，减少心理障碍带来的问题。

培养个人在社会生活中的适应能力，从另外一种意义上来讲就是让学生经历社会生活，理解社会，提高自我的心理承受能力。通常来讲，心理承受能力弱的人在面对挫折和困难时缺乏勇气，在面对诱惑时缺乏抵抗力。因此，社会活动对提高学生面对困难和挫折时的抵抗力和意志力有着重要作用，对培养学生的社会适应力也必不可少。

所以，为了更好地实现心理锻炼的效果，咨询人员在进行心理咨询时需要把握下面几点：第一是保密性。咨询人员必须对学生的问题以及个人的有关情况进行保密，不得泄露相关信息，尊重学生的个人隐私，如此才能降低学生的顾虑。第二是交友性。学生和咨询人员在面对面咨询问题时，咨询人员应该是以关心、爱护以及尊重每个学生为前提，咨询人员要与学生成为朋友，使学生

感到亲切，学生才会向咨询人员透露心声。第三是教育性。咨询人员以引导学生为主，帮助学生找到自身的问题，引导学生排除自己的心理障碍。

浇树要浇根，育人要育心。对学生进行心理健康教育主要是对学生的心理结构进行培养、改造的过程，以起到培养学生的自尊心以及沟通能力等作用。学生对待波折要有自己的认识，要理性思考、面对现实、勇于担当，不做冲动的事情，这也是德育的基本要求。

### 四、促进学校、家庭和社会相结合

#### （一）学校与家庭相结合

要顺利开展学校的德育工作，家庭教育和家庭环境在其中扮演着重要的角色。学校教育源于家庭教育，家庭教育是学校教育的延伸，它们之间应该是一种互相弥补的过程，家庭教育参与到学校教育中能够有效提高学生接受理念的效果，家长的行为对孩子的影响是很大的，其一举一动都可能对孩子的认知有重大影响。这就需要学校扮演一个更加重要的角色，既要能够使家长参与到学生的教育工作中，又要扮演好自己主要的教育职责的任务。家庭教育和学校教育相辅相成才能全面开展德育工作。因此，开展德育需要学校与家庭相结合，具体包括以下几点：①学校和家长应该多加互动。如今各种通信技术发达，要开展德育工作的手段也越来越多，学校的德育小组可以通过家访、QQ、电话以及微信等各种手段与家长之间开展互动工作，以了解学生的发展，消除消极因素。②家庭之间互相交流是有必要的。学校可以通过交流互动，加强与家庭之间的交流，让家庭教育中德育工作做得好的家庭做出模范表率，让他们传授自己的经验，帮助其他的家庭实现共同提高的目的。③加强家长在学校的活动。学校要加强家长在学校的活动，通过此类活动机制，能够让家长更加充分地认识到在家庭中实施德育的重要性，也能让家长对教育有更多的认识，而不是盲目教育，营造一种和谐的沟通德育的氛围。

#### （二）学校与社会相结合

社会是每个人生活的大环境，良好的品德是加强人与社会以及人与人之间关系的一个重要保障，良好的生活规范是社会交流的基础。道德与生活水乳交融，生活是道德赖以生存的土壤，道德建立在生活之上。因此，学校不能脱离社会实际，要减少各种消极的、负面的影响，让学生学会在社会的大环境中感受道德的力量和魅力。

1.加强校外人员的参与

通常情况下，师生的活动场合就是课堂，教师也将主要精力花在了如何将教材的内容传授给学生上，因此我们应该相信教师这种辛苦付出能够对学生的健康成长起到重要作用。但教学内容基本来源于书本，缺乏社会实践的检验，因此引入社会人员参与到课堂中来也能够为德育提供宝贵的经验，使学生更多地认识到人生的价值和意义。

2.加强社区教育

社区教育作为德育需要考虑到的一个重要组成部分，学校可以根据自身的实际情况联合附近的其他单位，与学校共同组织德育活动。社区的德育优势表现在下面几点：

第一，社区教育帮助德育架起了桥梁。社区教育对德育有着很好的组织与协调作用，能够建立起各个角色之间的联系，可以组织多层次以及多结构、全方位的教育，实现信息交流，使彼此联系更紧密。

第二，社区教育作为传统德育的一个拓展渠道，打开了学校的封闭式管理模式，加入了社会化的元素。社区教育能够加强学生的社会活动，为学生了解社会提供更多机会，帮助学生增强自己的适应能力；社区教育能够加强学生的社会归属感，使学生养成为人民服务的思想以及养成热爱劳动的行为；邀请道德模范给学生做讲座能够加强对学生德育的效果。

第三，开展社区教育能够补充德育的内容。多样化社会活动的开展能够降低消极因素的影响，增强学生的爱国意识，同时提升学生的道德水准，提高学生的德育水平。

第四，开展社区教育能够有效改善学校的周边环境。全民教育这种教育模式能够有效调动学生的积极性，营造一种可控的教育氛围，发挥社区教育作用，落实立德树人根本任务。

## 五、注重校园文化建设

学校是学生生活、学习最直接的场所，校园的环境能够无时无刻影响学生的认知并对学生产生教育作用。优质的校园环境能够对学生的身心健康产生积极作用，对学生产生潜移默化的正能量影响。这种校园文化可以被分为下面的三种：

一是校园精神。每所学校都拥有着自己独特的校园精神。校园精神作为校园文化的核心部分，是学生与教师之间形成的一种对学校的归属感和认同感。校园精神主要体现在校风、学风、教风等多个方面的交融，从而形成一种积极向上的舆论导向和精神风气，培养出学生高尚的品格，创造出奋发图强的精神，从而对学生产生激励作用。

二是校园物质环境。校园物质环境是学生在校园中接触的最为直接的一种环境，优美的校园环境能够陶冶情操，塑造良好的品格，它主要包括校园净化、美化、绿化、地面洁净等校容校貌的体现，使整个校园都充满生机活力。当然，校园物质环境还包括做好室内的工作，即将学生学习和生活的教室、宿舍、食堂、图书馆、实验室等重要场所都作为德育的园地，搞好黑板报、宣传栏、广播站等宣传工作，扩大德育的范围。

三是文化教育和各种科技体育等活动。学校应该多多开展各种文体和科技类的活动，充实学生的业余生活，不断提高学生的整体素质；可以开展多类别的培训，如各种美术培训、音乐培训以及其他文体培训；可以开展丰富的竞赛活动，如辩论比赛、演讲比赛、歌唱比赛；还可以举行各种展示活动，如各种综艺活动；还可以组织各类参观欣赏活动，如看电影、为孤寡老人奉献爱心活动；还可以进行各类其他的创新活动，如进行各类文明寝室的评比、建设文明班级。总之，校园文明建设活动多种多样，但都应以建设更加美好、和谐、优美的校园环境为目的，从而最大化地加强德育。

## 六、正确发挥网络资源的效能

网络的发展越来越快，也日益渗透到了生活、工作中，对于教育教学来讲也是如此，体现在教育中主要有以下两个方面：一方面是传统的教育方式受到网络教育的冲击，传统的教育是将学生集中在一起进行授课，而网络教育下学生有着更多的自主选择权；另一方面是网络中存在许多情感交流的方式方法，这些方式方法对中学生认识和了解社会提供了很大的帮助，也对他们价值观和人生观的形成有着巨大的影响。网络是社会中一个非常有效、便捷的信息交流方式，应该正确利用网络的这一特质，充分发挥其作用，为中学的德育管理工作提供行之有效的途径和方法。

## （一）建设学校德育网站

中学生的好奇心普遍较强，且对新生事物的接受能力强，信息丰富、功能全面的网络使中学生的求知欲得到了满足。然而由于网络的不确定性，大量网络垃圾信息充斥其中，在优质信息为学生成长补充养分的同时，垃圾信息也同样侵蚀着学生的思想。在信息化时代采用科学合理的教学模式，是中学德育工作的关键。在网络教育中，需要注意网络德育，将道德教育内容放在网络上进行宣传教育，主动影响中小学生形成良好的道德品质；建立学校德育网站，将其作为学校适应时代的德育网络平台，充分发挥学校德育网站在德育管理中的信息化作用。

## （二）建设网络德育教育基地

网络平台中已有众多教育网站，各个中学可以借鉴并应用到德育管理中，建立中学生的网络德育基地。各个中学应充分发挥网络的宣传效应和广泛传播力，对中学生进行道德知识和行为规范的普及，同时帮助学校加强培养学生的思想道德品质。

## （三）规范网络管理

对网络进行规范的法制化管理是网络监管工作的必然趋势。随着网络的应用推广，对其使用的监管成为网络健康发展的关键，同时也应不断完善相关法律法规制度。

## （四）采用多样化的网络德育方式

中学德育管理工作应把德育渗透到多媒体教育与信息技术课堂中，将网络德育最大化地渗透到网络活动的方方面面，做到将德育与科技相结合。例如，可以将文字、声音、影像等各种素材渗透到德育中，这样就使德育更加丰富生动，同时能更多地引起中学生的兴趣，让他们在潜移默化中受到德育的熏陶，并培养其良好的思想道德行为。

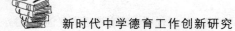

（五）调动学生积极参与管理

德育工作的对象是学生，利用学生对自身进行自我管理与教育，既易于得到学生的接受与认可，也有利于对其进行约束和管理。国内学生普遍对网络的应用表现出较高的热忱与浓厚的兴趣。近年来网络的发展，学生群体作为重要的参与者有着不可或缺的作用。例如，学校构建的德育网站的论坛版块由学生担任版块博主，负责对论坛进行日常监管，一旦发现存在违规言论，一方面及时对这些发表言论的学生进行劝说引导，由于本身也是学生，相互之间易于沟通交流，有助于德育问题的解决；另一方面可对其采取必要措施，减少不良言论。

# 第六章　新时代中学德育评价体系构建创新

## 第一节　德育评价体系概述

### 一、有关概念的界定

#### （一）德育评价

德育评价是指教育督导部门、学校、教师等主体，根据党和国家的教育方针、教育法规和德育目标，有计划、有组织地运用科学手段，对学校、教师的德育工作状态和学生品德发展水平进行调查和检测，并在此基础上做出价值判断的活动过程。这一界定包括以下内涵：①参与德育评价工作的主体是广泛的。②德育评价工作的开展是有政策依据的。评价主体依据党和国家的教育方针、教育法规和德育目标等文件开展德育评价工作。③德育评价的主要是对象是多样的。可能是学校德育工作整体评价，也可能是学校德育管理评价，班级德育工作评价、德育活动评价，学生品德评价等。④德育评价必须依靠调查和检测等技术手段。有计划、有组织地通过调查、检测等技术手段，搜集大量的德育事实信息资料，是德育评价质量的重要保障。⑤德育评价是在德育事实判断的基础上做出价值判断的活动过程。德育评价最终体现的是学校德育工作和学生品德发展是否符合评价主体的价值期望。

## （二）学校德育工作评价

学校德育工作评价，有时称学校德育工作整体评价，亦简称为学校德育评价，是指教育督导部门及学校自身等评价主体，依据一定的原则、标准和程序，有计划、有组织地运用科学手段，对学校德育工作的整体状况进行调查和检测，并在此基础上做出价值判断的活动过程。

学校德育工作评价是德育评价的一个重要组成部分，是宏观层面的德育评价。对学校德育工作进行评价，有利于教育行政、督导部门和学校自身了解学校德育工作的现状，以便他们诊断学校德育所存在的问题，督促、指导学校进一步搞好德育工作，激励学校广大师生积极提高自身道德素质。

## （三）新时代中学德育工作评价

学校有小学、中学、大学之分，也有普通、职业、特殊之分，因此，学校德育评价可以分为小学德育工作评价、中学德育工作评价、大学德育工作评价，也可以分为普通学校德育工作评价、职业学校德育工作评价、特殊学校德育工作评价。

## 二、当代中学德育工作评价的现实意义

### （一）有利于端正学校德育工作思想

在当代开展中学德育工作评价，有利于端正学校德育工作思想。一是进一步端正"首位"思想。教育的最终目标是育人，即培养具有完善人格的高素质的人，因此必须把德育工作放在教育工作的首位。二是进一步端正"实事求是"思想。随着社会的信息化、全球化，中学生受到了社会越来越多的影响，在这种现实面前，学校德育工作者要不断进行调查研究，了解学生的思想动态，积极探索新时期中学德育的基本规律。三是进一步端正"创新"思想。在这个不断变革的时代，学校德育工作者必须不断革新德育内容，不断创新德育模式和方法，以切实保证我们的中学德育工作能够与时俱进，切实保证中学德育工作务实高效。但是在中学德育工作中，少数德育工作者不能及时更新自己的思想观念，也缺乏必要的开拓创新能力，仅凭"旧思想、老经验"开展工作，不能与时俱进，需要通过评价来加以改正。

## （二）有利于规范学校德育工作行为

中学德育评价的指标及标准，本身就对学校德育行为提出了众多具体的要求。在当代，据此对学校开展评价工作，将有利于规范学校德育工作行为。其中，德育管理、队伍建设、物质装备是学校德育工作质量的重要保障，通过评价可以促进这些德育条件的改善。德育渗透、活动德育、环境德育、心理咨询、品德评价等是学校德育工作的重要方式，通过评价可以促进学校德育工作的正常开展，克服内容顾此失彼、方式简单划一的局面。

## （三）有利于提高学校德育工作质量

在当代，通过开展中学德育工作评价，可以让教育行政和督导部门全面了解学校德育的现状，为做出正确的德育决策提供信息服务；通过开展中学德育工作评价，可以进行评优、评先，以激励各中学之间开展竞争，形成学校德育发展的内在动力；通过开展中学德育工作评价，可以总结先进的德育工作经验，发现德育工作中存在的问题，为各中学相互学习借鉴、改进德育工作创造有利条件。总之，在当代开展中学德育工作评价，最终都将有利于中学德育工作质量的全面提高。

## 三、中学德育评价的主体和指标

### （一）德育评价主体

思想道德教育价值评价的主体一定是人。而要成为思想道德教育价值评价的主体应具备以下几点条件：一是评价主体应该拥有如何组织开展德育活动的决策权，能代表组织和社会为思想道德教育及其评价创造各种必要的物质或精神条件，具有充分利用客观条件满足现实需要的能力；二是评价主体应具备一定的权威性，拥有一定的决策力和监督力，具备对德育活动的开展进行监督、指导和评价的能力；三是评价主体应该具备能够根据德育评价的结果，对德育工作的改进提出可行性方案及对策的能力；四是评价主体应该拥有对受教育者进行德育评价的权力，能够对受教育者的品德与行为进行评定，并能对受教育者道德品质的形成和发展承担直接责任；五是评价主体应该拥有参加制定德育活动决策的权力，并具有对德育成果进行评价的发言权。

## （二）德育评价指标

德育评价指标体系是德育评价的标准和尺子。由于学术界对德育评价应包括哪些内容看法不一，因而导致设计制定的评价指标体系存在一定的差别。德育评价的指标体系包括三个方面：一是德育状态指标，包括德育规划、计划、制度、措施的制定和执行情况，领导的态度，德育内容的确定，德育时间的投入以及德育方法、途径等；二是条件指标，包括德育实施系统，经费投入，物质装备，队伍、环境、基地的建设等；三是成果指标，包括德育对象的德育知识、行为和德育科研成果等。也有学者认为德育评价指标体系包括德育主体评价指标、德育阶段性目标的评价指标、德育措施的评价指标、德育效果的评价指标等。若要从学生品德素质的构成上建构德育评价体系框架，则可以分为政治素质、思想素质、道德素质、法纪素质、身心素质五个指标要素，确定其具体的评价标准和指标权值。

## 四、中学德育工作评价的原则

所谓评价原则，是指人们为了达到自己的评价目的，依据评价的基本规律和技术方法制定的、以条文的形式表达出来的评价行动准则。在当代，开展中学德育工作评价的目的，就是要通过评价来端正德育工作思想，规范德育工作行为，全面提高德育工作质量。

### （一）政策导向与特色优势相结合的原则

这一原则要求中学德育工作评价体系既要与党和国家的教育方针、教育法规、中学德育目标、中学生日常行为规范、中学生守则等文件内容相一致，体现党和国家对中学德育的政策要求，又要考虑各校的实际情况，体现各校在德育方面的特色和优势。只有坚持这一原则，才能引导中学结合本校的实际情况，结合学生的实际情况，创造性地开展德育工作，全面贯彻落实立德树人根本任务。

### （二）科学设计与切实可行相结合的原则

这一原则要求中学德育工作评价体系的设计既要科学，又要切实可行。科学性是评价体系设计的基础，它要求设计者要抱着科学的态度，在调查研究的基础上，建构一个能充分反映学校德育工作的整体思路，符合学生品德发展的规律和方法策略的评价体系，以克服设计中的盲目性和随意性。可行性是评价体系设计可靠的保证；它要求设计的评价体系尽可能指标简洁，便于实践操作，具有一定的区分性。

### （三）过程评价与效果评价相结合的原则

这一原则要求中学德育工作评价不仅要重视学校德育工作的最终效果的评价，还要重视学校为了取得德育效果所开展的德育管理、队伍建设、德育活动等德育工作过程的评价。德育效果是多年来学校、社会、家庭等方面各种品德影响在学生身上的积累，对其进行评价有利于了解学校是否实现了德育目标，但不便于据此指导学校德育工作。了解学校德育的发展历程，把握学校德育管理、队伍建设、德育活动等工作过程，对其进行评价有利于据此指导学校德育工作，判断未来的发展前景。因此，只有坚持这一原则，才能使学校德育评价发挥最大的效用。

### （四）质的评价与量的评价相结合的原则

质的评价方法是指通过观察、调查、访谈等方式，把握学校德育的价值取向和工作思路，把握学生品德发展方向的方法。这种方法以理解为基础，把握的是事物"质"的一面。量的评价方法是通过测量等手段，把握学生品德认知、品德能力、心理健康等方面发展水平的方法。这种方法以客观事实为依据，把握的是事物"量"的一面。质的评价是量的评价的前提基础，量的评价又为质的最终判断提供更详细可靠的依据。将两种方法很好地结合起来，才能实现对学校德育工作的准确评价。

### （五）外部评价与自我评价相结合的原则

外部评价是指教育行政、教育督导、德育专家等学校以外的评价主体对学校德育工作所进行的督导性、检查性、认可性、鉴定性评价。这种评价具有客观性及代表行政和专家的权威性，是学校"他律"的重要手段。自我评价是指学校对自身德育工作所进行的评价。这种评价具有历史回顾的全面性和评价判断的针对性，是学校自我认识、自我发展、自我完善的"自律"手段。欲使学校德育工作真正发挥作用，还是要将两者结合起来，让学校在外部评价的促动下，充分发挥自我评价的作用，自觉改进学校德育工作，自觉提高学校德育工作的水平。

# 第二节　中学德育评价体系的实施

## 一、注重德育评价主体的多元化

在以往的中学德育工作中，由于受到传统教育观念以及教学模式的影响，德育评价的主体是教师，学生处于从属地位。这种单向式德育评价模式具有其不足之处，因此，应当积极拓宽德育评价的主体，使之多元化。

德育活动是教师和学生的双边活动，一方面，中学生道德行为的养成过程也是其个人经历的体验过程，在此过程中，学生通过种种认知活动产生对道德的深刻认同，并逐步内化为个体的行为习惯，因而要加强中学德育，必须落实德育评价中学生的主体地位，让学生主动参与到德育评价过程中，采取学生自评以及互评等方式，相互监督、相互促进，使德育评价切实发挥出功能，提高德育评价工作的民主性、参与性以及公平性。另一方面，我们当然也不能一味强调学生的主体地位，而忽视教师评价的作用。

总之，在德育评价实践中，教师不仅要发挥引导作用，还要坚持学生的主体地位，保证学生在德育评价中能够独立自主地行使、支配自己的权利，真正参与到德育评价活动中。

## 二、制订发展型的德育评价目标

德育目标并不是一成不变的，我们也看到，一路走来，我国的德育目标也在不断地进行调整。同样地，我国中学的德育评价目标也在不断发展并将继续发展下去，但归根结底都是为了促进学生思想政治道德认知水平的发展提高。

为了提高中学德育评价的科学性及可持续性，我们必须制订有针对性的、适度的、可持续的评价目标。一方面，作为德育评价工作主体之一的教师必须掌握德育评价的度，既要表扬学生，又要进行适度批评教育。真正有效的德育是顺应学生的天性，引导并纠正其道德行为，站在生命哲学的高度，真正地把学生当作一个个独特的生命个体，去唤醒他们的道德生命，促进他们的道德内化。另一方面，要把学生的发展放在德育工作的首位，对于不同阶段的学生要有针对性，关注学生的纵向发展。例如，对低年级孩子的激励以精神鼓励为主，可以用微笑、点头或亲切的语言进行，并且这种激励应该持续不断；对于中年级孩子则要给予其更多受激励的机会和舞台，让其从展示自己能力的过程中获得自信；而对于高年级学生的激励，真实诚挚的语言比什么都重要，因为该阶段的学生正处于身心快速生长时期，他们的心理敏感程度相当大，因此我们更应该学会与其进行民主、平等的交流。

### 三、倡导多元化的德育评价方式

中学生的德育评价的结果是通过一个相应准确的分数表现出来的，但不能仅仅关注在分数高低的结果，数字更多的只是表现出学生与学生之间的横向对比，还应当对每个学生自身内在德育表现的纵向发展进行明确的定性评价。因此，只有充分考虑到定量评价和定性评价二者相结合的评价方式，才能够给予学生客观、公正、科学的德育评价，更好地帮助学生认识自己、改正自己、树立信心。

处于成长的动态过程中的中学生，由于心理与生理等各方面还未定型，思想与行为等容易受到外界环境的影响，所以，在对他们进行德育评价的过程中，必须以发展的眼光来看待他们的思想道德的变化以及行为习惯的培养，不仅要从相对稳定的空间环境和特定的时间背景来了解和分析学生的德育水平和状况，评判某阶段、某德育活动中学生在德育认知上的具体表现以及学生过去的德育水平和现在的德育表现，还要用发展的理念、长远的眼光来评判学生德育的未来发展以及发展的趋势，从纵向的比较中，全面、客观地对中学生的德育表现做出评价。

自评是被评估者通过自我评价进行自我认识、自我反思，进而获得自我提升的过程。他评是外部评价，如教师、家长、同学或者其他家庭、社会成员对学生的各种评价。当前我国中小学德育评价模式多采用以教师为主体、学生为客体的模式。为适应时代变化的要求以及为改变因德育评价主体的单一性而引发的一系列问题，我们必须拓展德育评价参与的主体，使德育评价由单向的信息沟通模式转化为多向的信息沟通模式，坚持运用学生自评、互评、师评等自评与他评相结合的德育评价原则，使学生成为真正的评价参与主体，让学生以评价主体的身份真正参与到德育评价的过程中来，帮助学生对自己的道德认知、情感和道德行为在自我认识的基础上进行自我反思，帮助学生正视自我、自我调节和改造，从而使自己的道德水平得到由外而内的提升，同时帮助学生的主体意识得到最大程度的发挥，提高德育评价的实效性。而学生之间的互评可以综合从思想品德、组织纪律、学习态度、行为规范、集体观念等这几方面进行考量，使学生与学生之间通过长期的相互交流和认识之后，能够对任何一个同学做出尽可能全面的评价，从而有助于提升中小学德育评价工作的参与性、实效性和民主性。当然，在鼓励学生成为德育评价主体的同时，并不是在批判教师评价的作用。相反，教师作为知识和经验的传授者，能够帮助学生对个体在品德发展过程中出现的一些不能自己解决的迷惑和问题提出有针对性的指导和建议，帮助他们正视自我，更好地进行自我反思和自我提升，从而从根本上解决传统德育评价主体单一化的问题，使德育评价逐步向多元化、多项化的方向发展。

因此，实施多元化的德育评价方式的目的就在于鼓励德育评价的方式从以他评为主的外在形式向以自评为主的内在形式转变，而且在德育评价的过程中要更多地关注学生主体地位的发挥，进而实现通过德育评价的过程以及结果激励学生积极主动参与，并指导学生把德育的外在要求转化为内需动力，促使德育评价活动成为学生自我认识、自我教育的有效载体，充分利用德育评价具有的导向和激励功能，帮助学生自觉依照德育评价标准对自己日常行为习惯的表现进行德育自我总结、自我评价、自我提高，最后实现德育要求内化的目的，同时能积极、主动地接受同学、家长、教师的评价与建议，真正实现德育评价的最终目标。

## 四、使用灵活多样的评价方法

1. 要避免采取标准答案式评价。德育评价的结果应避免以标准答案的形式出现，可以尝试着将学生自评的评分标准有层次地设定为"满意""基本满意""有待加强努力"三档，有利于减轻学生因德育评价结果不如意而承受的心理压力，帮助学生树立自信心。同时，我们还应该鼓励学生在进行自我评价时，向学校、教师、家长或者其他学生等自己认为可以获得帮助的人寻求各方面的帮助，从而使德育评价更能凸显针对性，让学生体会到来自学校、教师和家庭的关心和爱护，提高学生改正自我的信心和动力，加强德育评价的实效性。

2. 要充分考虑评语性评价的效力。评价体系应考虑到不同学生在学习情况中出现的各种差异，家长和教师在对学生进行评价时，都应该综合考虑家长建议与教师寄语二者的结合，对学生进行全面、客观的评价，并且做到有针对性地对不同学习层次的学生给予鼓励性评价为主的评语性评价，通过积极、温和、鼓励的德育评语，充分调动各层次学生的学习热情，激发学生潜在的学习动力和自信心，坚持"以人为本"的教育理念，切实做到对学生各方面成长和发展的关怀与教育。

3. 要执行"五个坚持"。坚持评价实行以定性分析为主，综合运用定性与定量评价相结合的方式；坚持动态与静态相结合的评价方式，从横向和纵向进行全面的比较、分析，以达到评价的可持续性；坚持终结性评价与形成性评价相结合，以形成性评价为主；坚持校内与校外评价相结合，做到既有学校各教育工作者以及学生个体的评价，又有学生家长甚至是其他社会各界人士的评价，努力实现评价方式的开放性以及完整性；坚持诊断性评价与鉴定性评价相结合，力争形成全方位、科学的评价体系，真正落实全面评价的要求。

4. 要坚持多种不同的评价手段相结合，如问卷法、测验法、观察法、谈话法等，还可综合运用网络法、设计法、记录在案法等不同的评价方法。在评价考核中，注重行为养成的测评，如行为达标星级评比、实践活动综合测评、问题研究专题测评等多种形式。评价在注重增强考核结论的实效性和激励性的同时，还要注意评价标准的差异化以及反馈矫正的及时性，从而充分体现学生个体的独特性。

### 五、评价要常态化并及时反馈评价结果

任何人都不是完美的，或多或少都有缺点，更何况是处在成长关键期的中学生。中学德育评价的目的并不是为了限制学生的发展，因此不能只关注学生外在行为中出现的某些问题，那样只会更加引起学生的逆反心理、激化矛盾；相反，我们应该更多地通过德育评价来学会用欣赏、肯定的眼光，多视角、客观、综合地评价和指导学生的全面发展。因此，德育评价的起点要从关心学生的学习、生活中出现的小事做起，以尊重、帮助以及关爱学生的全面发展为德育评价的根本出发点。例如，学校德育工作者可以通过设立"校长信箱"、创建"师生联系册"、布置"学生周记"等类似的多种师生沟通形式，尽可能多地创造学生与教师、学校等交流沟通的渠道和机会，正确地利用评价结果，用以发现和纠正学生发展中出现的问题，给他们以及时、正确的指导。这样不仅

有助于促进学生长远的发展，使德育评价发挥一种良性循环的作用，又能够为学生下一阶段的学习、生活等各方面的发展提供某些可信的背景信息和资料。总而言之，可以概括精炼为以下五点：

一是学生自评展现个性。注重评价中学生主体意识的培养和发挥，提倡自我评价与自我欣赏，使学生认识自己、发展个性、显示才能，让学生正确评价自己、约束自己。评价内容全面，不仅有学科知识，还涉及文体、卫生等多个方面，让学生结合自己的日常行为习惯，对自己做出中肯评价，发现优点，查找问题，改正不足。

二是学生之间的互评重视团结合作。倡导学生之间的互评，同学之间的关系很微妙，不仅可以是学习中的伙伴，而且可以是生活中的朋友，积极培养学生的团队意识、合作意识，鼓励学生之间相互了解、相互交流、相互评价，既能帮助教师客观公正地对学生进行德育评价，也有利于加深学生之间的团队意识，形成团队合作观念。

三是教师评价彰显德育魅力。教师对学生的德育评价不再仅仅以学习成绩为主要依据，而是根据相关德育工作的目标及要求，对不同学段学生的行为习惯、道德品质、心理素质等进行综合评价，挖掘学生潜能，让学生从教师的评价中感受到教师的期望，达到教师与学生情感上的真诚交流。

四是学校评价创造良好的德育环境。对于处在学生时期的青少年，学校可以说是除了家以外的第二个港湾，学校评价的好与坏、客观公正与否直接影响学生日常生活和学习环境，进而影响学生校园生活的心态。让学生在学校、在班级能够真正找到归属感，是学校德育评价的责任之一。

五是家长以及其他相关人员评价突出学生的成长，尤其是父母。作为孩子的人生启蒙教师，父母对孩子的了解最为深刻，孩子在学龄期所获得的教育是否有效、是否令人欣喜，家长也最有发言权。家长重视孩子的自理能力、自立能力，恳切的评价贯穿于孩子成长的历程，对孩子具有极大的鼓舞作用。

## 六、建立完善的德育评价体系

针对中学德育评价工作所出现的种种问题，必须建立并完善目前的德育评价制度，将中学德育评价作为一项制度纳入相关管理部门的实际工作之中。

第一，建立中学德育评价信息系统。信息沟通是人生存的基本需要，因而，收集并整理出相对完善的德育信息是进行中学德育评价的基础工作之一。

由于中学生的数量相对较为广泛，且其思想带有很大的可塑性及复杂性，相对变化较快，中学生德育资源虽然很丰富，但若要收集整理中学德育信息是一件相当复杂且困难的事情。因此，必须重视中学德育信息的收集和处理，运用现代化手段，建立起中学德育评价信息网络，对各类德育信息进行加工处理并交流使用，时刻改进评价系统以便使德育评价活动更加科学有效。

第二，建立完整的中学德育评价工作制度。中学德育评价是一项复杂的系统工程，涉及多个部门的管理活动，只有建立起完整的评价工作制度，将各个部门的各项权利与义务制度化，规定工作范围，针对不同的德育活动开展程度不一的德育评价工作，定期检验考核评价活动的主体，才能确保中学德育评价工作的透明、公开与顺利进行。

第三，建立相对独立的德育评价组织。中学德育评价工作采用相对独立的第三方评价组织有助于确保德育评价工作较为公开、公正，可以使学校德育的组织者更清楚地认识到自己的得与失，对自己有更准确的定位，提高德育评价的准确性，从而真正发挥德育评价的目的。此外，还可以建立专门的德育评价基金并由这个相对独立的评价组织进行管理，一方面有助于吸引更多的评价人才投入到这项工作中，确保其工作的开展有着强大的财政支持，另一方面也有助于监督中学德育活动的有效进行，保证评价的科学性和客观性。

# 第七章　新时代德育一体化实践研究

## 第一节　德育一体化的内涵

### 一、德育一体化

德育一体化建设是教育研究的一个重要课题。对于德育一体化的界定，不同学者持有不同的观点，一部分学者认为德育一体化主要指的是学校德育、家庭德育与社会德育的结合，从而形成一种德育合力，使德育在每个领域发挥其最佳作用；有一些学者持有不同观点，认为德育一体化指的是把学校的道德教育内容与日常生活中的德育内容相结合的一种教育模式。还有一些学者对此界定相对比较全面，他们认为德育一体化有纵向与横向之分。纵向方面的德育一体化主要指的是不同年龄、不同年级、不同学习阶段之间的德育衔接与结合，主要包括小学、初中、高中、大学这几部分的德育衔接；而横向的德育一体化方面除了包含上述一部分学者认为的是学校德育、家庭德育以及社会德育的结合之外，还包含了德育目标、内容、途径、方法、管理与评价等几个德育要素的结合，以及校内德育课程与校外德育实践的结合。综合上述观点，德育一体化就是根据不同教育阶段的特点，即依据教育教学阶段学生的自身身心发展的不同特点，不同的思想实际、理解能力和接受能力，明确规定德育的目标与内容，同时科学合理地设置一系列符合不同教育阶段学生的德育课程，开展系列的德育活动，运用不同的德育方法，对学生进行有针对性的教育和引导，使学校的德育更加科学与合理，从而全面地促进各个学段学生的身心健康发展。

## 二、大中小学德育一体化

### （一）大中小学德育一体化的渊源

1. 中华优秀传统文化——民族特点和时代特色相结合

（1）古代文明的积淀。从古代六艺教育（养国子以道，乃教之六艺：一曰五礼，二曰六乐，三曰五射，四曰五驭，五曰六书，六曰九数）、孔子的"道之以政，齐之以刑，民免而无耻；道之以德，齐之以礼，有耻且格"到孟母三迁、王阳明的知行合一，无不体现道德教育对人的发展的重要作用。

（2）近代文化观的沿革。从陶行知的生活教育，蔡元培的军国民教育、实利主义教育、公民道德教育、世界观教育和美感教育，章炳麟的"道德是由社会熏染来，不从说话讲解来"，到梁启超、张伯苓的教育理念都为德育发展提供了有益的借鉴经验。

2. 科学发展观——全面发展与个性发展相结合

大中小学德育一体化建设既要体现社会性，又要凸显个体性，将社会文明程度的提高和个人道德素养的提升结合起来。把全面发展和个性发展紧密结合，坚持德才兼备、全面发展的基本要求，在发展个人兴趣专长和开发优势潜能的过程中，在正确处理个人、集体、社会关系的基础上保持个性、彰显本色，实现思想成长、学业进步、身心健康有机结合，在德、智、体、美相互促进有机融合中实现全面发展，努力成为可堪大用、能负重任的栋梁之材。

3. 中华民族伟大复兴的中国梦——中国梦与个人梦相结合

中国梦，归根结底是人民的梦。2013 年，中国梦是国家的梦、民族的梦，也是每一个中国人的梦。中华民族伟大复兴终将在广大青年的接力奋斗中变为现实。

4. 立德树人的教育宗旨——培养德、智、体、美、劳全面发展的社会主义建设者和接班人

《全国大中小学教材建设规划（2019—2022 年）》（以下简称《规划》）以习近平新时代中国特色社会主义思想为指导，贯彻党的十九大和十九届二中、三中、四中全会精神，落实全国教育大会精神，对未来一个时期我国教材建设进行了全面部署。《规划》通过明确宗旨、抓牢主线、制定分类管理策略、形成落实机制等举措推动德育一体化的落实。

《规划》对大中小学教材德育一体化建设提出了具体任务。落实这一要求，必须坚持思想性、科学性、规律性原则，以培养德、智、体、美、劳全面发展的社会主义建设者和接班人为宗旨，将知识传授、能力培养与思想理论、理想信念教育有机融合，并落实在各学段、各学科领域教材中；充分尊重学生身心发展规律，把握学生成长的差异性和关键期，结合学科特点，加强德育目标在各学段、各学科领域教材中的转化研究，确保教材育人目标、内容结构、呈现方式等适应学生发展需要，真正实现学段纵向衔接、学科领域横向配合。依据大中小学德育一体化系统设计要求，课程、教材、教师、教学等各环节扎实、科学、有效实施，必定能够有力地促进各学段、各学科领域实现育人目标。

### （二）大中小学德育一体化的基本内涵

"大中小学德育一体化"这一概念是在"十二五"规划之后提出的，但是之前很多学者从德育一体化的不同角度进行了研究。在过去的研究中，很多学者从大中小学德育衔接的角度出发，许多论文和专著也是围绕着大中小学德育衔接的角度展开论述的，其中的观点相互之间有联系又有着本质的区别。大中小学德育衔接从三个角度出发，主要通过三者之间的联系解决大中小学德育工作存在的问题，但是构建大中小学德育一体化主要是从整体规划上着手，二者在本质上有着明显的区别。

詹万生教授目前在这一领域颇有研究，他更多地使用"整体构建德育体系"①这一说法，对于构建德育体系进行了深刻的论述和阐释，从研究内容、研究过程、研究方法、研究结论等多方面对于整体构建德育体系进行了深刻的研究。教育部曾发布《关于整体规划大中小学德育体系的意见》，为构建大中小学德育一体化提供了指导。各个省、市根据国家的政策指导也都在德育一体化上进行了积极探索，在这方面上海市走在了前面。上海市领导高度重视大中小学德育一体化，对上海市大中小学德育一体化做出了总体部署，并且组织一大批专家进行研究、讨论，制定了如何实行大中小学德育一体化的具体措施，并且已经开展德育一体化研究和试点工作。

大中小学德育一体化包含两部分内容：大中小学和德育一体化。大中小学，根据其字面解释，主要是指全日制的小学、初中、高中以及大学的不同学

---

① 詹万生.整体构建德育体系总论[M].北京：教育科学出版社，2001：4.

习阶段。对于一些非全日制的学校、中专学校以及小学之前的幼儿园不包含在本书的大中小学研究范围之内。德育一体化的含义上文已经做了详细的解释，因此，结合这两个概念可以界定大中小学德育一体化的概念：它指的是从小学到大学不同教育阶段的道德教育一体化，即根据不同学段学生的自身身心发展特点、不同的思想实际、不同的理解能力和接受能力范围，明确规定各学段内德育目标与内容，同时科学合理地设置一系列符合各学段学生的德育课程，配合一系列德育活动与多种德育方法，对不同学生进行有针对性的德育活动，保障学校德育科学化与合理化，最终达到全面促进大中小学不同学段学生身心健康发展以及提高他们德育素养的教育目标。

构建大中小学德育一体化，主要是为了更好地解决德育工作中存在的问题。德育工作目前存在的问题具体表现在一些地方教育部门、部分学校对于德育的重视程度不够，德育的主体地位被智育取代，德育实践环节欠缺，德育工作者队伍建设不完善，德育教师水平差距太大，一些中小学甚至没有专门的德育教师，大中小学德育三个重要阶段缺少联系，德育环境日趋复杂，导致青少年道德水平出现滑坡，价值取向出现偏差。大中小学德育一体化的研究有利于解决以往德育工作存在的问题，有利于培养出专门的德育工作者，有利于解决大中小学德育工作之间联系不紧密的问题。

# 第二节　德育一体化的发展策略

## 一、构建大中小幼一体化德育模式应该遵循的原则

### （一）遵循人性的成长原则

德育其实就是对人的教育，因此，在开展德育的过程中必然要涉及人性。所谓人性，顾名思义，就是一个人所拥有的正常的感性和理性情感，是由社会关系综合制约形成的。无论是在幼儿园、小学、中学还是大学，孩子都是处于接受知识、教育的阶段，这是人生中最为重要的阶段，是其形成性格品质最为关键的阶段，具有一定的规律可循。因此，在研究构建大中小幼一体化德育模式时，要严格遵循人性的成长原则，这对于学生的健康成长具有重要意义。

### （二）遵循道德认知的原则

德育是对人们道德认知的教育，道德是由当前存在的各种规范形成的。从人们对这些规范表现出的尊重可以发现，对道德的认知是人们在社会中由各种经历累积出来的认识。开展德育的最终目标也是培养学生的道德素养，让其拥有丰富的道德思维。因此，在构建大中小幼一体化德育模式时，应根据不同时段人们对道德认识的不同进行相应调整，按照道德认知的生成发展规律确定相应的德育内容和方法。

### （三）遵循人们道德情感的发展规律

人们的道德结构不仅包含了对道德的认知、道德行为，也包含道德情感。在实际生活中，人们做出各种符合道德的行为多是出于情感驱动，而道德认知只是道德行为的间接基础。因此，在构建大中小幼一体化德育模式时，除了要加强人们对各种道德认知的认识，还要培养其道德情感。麦克菲尔曾经说过，学校应该注重德育，而德育的重点应该放在德育情感教育上，让学生能够推己及人，学会关怀和体谅他人。人们的道德情感世界不是瞬间形成的，其形成和

发展都是有规律可循的，是由浅到深、由表及里的一个过程。因此，在构建大中小幼一体化德育模式时一定要遵循道德情感的发展规律。①

### （四）遵循人们自身道德行为的原则

在道德结构中，行为是情感和认知的主要表现形式，人们有了道德认知和情感以后才会做出行为。美国学者纽曼认为，人们的社会行为为道德行为教育提供实践和理论的支撑。道德行为发展是一个整体，形成自身的规律。在不同阶段，对于同一件事情人们做出的道德行为也是不同的。在构建大中小幼一体化德育模式时，我们需要遵循道德行为产生发展的规律。所以，在实际的德育教学中，大中小幼的行为规范之间要有内在联系，每一个学习阶段都要有一个递进关系，整体上能体现大中小幼一体化德育体系的雏形。

## 二、构建一体化德育模式的策略

### （一）加强对一体化德育模式的重视

各级政府要将德育摆在更加突出的位置，立足实际，全面深化德育改革创新，努力完善现代德育体系，大力培养具有现代工匠精神和国际视野的技术技能人才，精准提升德育服务能力，全面打造德育新高地。全面落实立德树人根本任务，坚持"五育"并举，努力构建大中小幼一体化德育体系，不断加强和改进学校体育和美育工作，推动各地各校因地制宜加强劳动教育，努力培养担当民族复兴大任的时代新人。

### （二）制订科学合理的德育目标

1. 政策制定一致性

大中小学德育目标一体化建设的首要任务是保证大中小学德育体系政策制定的一致性。德育政策是党和政府在一定时期为解决具体的德育问题，实现一定的德育目标而为各学段的德育工作制定的行动准则。大中小学德育目标一体化建设的根本保障来源于大中小学政策制定的一致性。只有加强各阶段德育政

---

① 陆璐.构建学校、家庭和社会一体化的德育模式初探[J].中国校外教育，2014（1）：2.

策之间的衔接，使大中小学德育政策进一步符合青少年的成长规律，才能从制度上根本性地保障大中小学德育目标一体化乃至大中小学德育体系的构建。

德育政策是德育理论和德育实践的中间载体，通过政策的转化，可以将德育理论付诸现实并且指导德育实践，同时通过政策的引导和评估，又可以让德育理论通过德育实践的检验进一步发展为新的德育决策，在良性循环中实现德育目标的科学化。德育政策受到不同国家的高度重视，力求实现德育政策的制定规范化、运行合理化和效果最优化；同时，德育政策的执行要得到精心的设计和组织，最终的政策效果也要受到具体的衡量和评估。德育政策的一项重要功能是对学校的德育工作起到引导和支持的作用，我国的德育政策也是在配合国家建设社会主义现代化的目标中，以培育合格的人才为主要任务，以此来指引德育实践活动。

2.资源整合统筹性

大中小学德育目标一体化建设的重中之重是要统筹各学段、各领域乃至全社会的教育资源为德育所用，联系社会与人的发展来统筹德育目标，而不是脱离社会孤立地在校园里就德育论德育。因此，我们要努力形成以各学段教育为中心、家庭教育为基石、社会资源为载体的三位一体的大德育网络体系，坚持以德促教，整合资源，统筹规划，突出德育实效。

首先，要整合大中小学各学段学科德育资源，将德育与学科教学有机统一。学校教育的核心环节是学科教学，大中小学德育目标的设定就是要积极寻求开发各学科中蕴含的德育因素，挖掘潜藏其中的德育方法和途径，寻找学科教学和德育之间的目标融合点，在学科教学中渗透德育，在德育中提升学生的智力和能力。学科教师通过精心的设计，按照学科特点，自然地在课堂教学中进行德育渗透，将学生的学习重点和思想教育自然融合，使德育目标在学科教学的点滴浸润中得以实现。

其次，要整合学校各类教育资源，将德育融入校园生活之中。大中小学德育目标一体化建设的基本舞台在校园，校园资源丰富多彩，德育目标要整合各类校园资源，尤其是校园活动、校园文化、校园制度等，将德育真正融入校园生活中。学校可以让德育活动常规化、系列化，抓住各类节日和活动契机，根据不同学段学生身心发展的特点，巧妙安排，让学生在校园活动中得到德育洗礼，在愉悦的校园活动中升华身心，促进他们学习积极性的发挥和道德价值观念的提升；也可以通过特色校园建筑、校园环境营造身边德育的良好氛围，让学生在校园文化中接受德育的浸润；还可以通过校纪校规、校训管理制度等校园规定，通过约束性的方式规范学生的道德行为和态度，达到德育的效果。

最后，要整合社会和家庭资源，促进德育目标生活化。大中小学德育目标一体化建设离不开社会生活，只有让学生在社会中体验，接触社会，吸收社会的知识和理念，引导学生独立思考、自我判断，才能达到德育目标内化于心的目的。其中我们可以充分利用社区资源，建立学校和社会合作的德育基地；可以分设各类主题，如科技主题、环保主题、安全主题等，充分发挥社区的德育实践资源。此外，还可以充分调动社会育人网络资源，建设一支社会德育队伍，如社区民警、医院医生、消防员等，让他们为学校德育工作添砖加瓦；可以充分发挥老同志、老党员的热情，将关心下一代老同志的革命精神延续到学校德育中。

3. 校本德育目标一体化体系融合

大中小学德育目标一体化建设的校园落脚点在于整体构建校本德育体系，以提升学校德育工作的实效性和针对性为出发点，依托本校已有的教师和课程资源，研究和构建富有学校特色的具体化且具有可操作性的学校德育体系，让校本课程的开发和德育目标一体化体系有机融合。

德育目标的校本化可以调整、控制和激励整个德育体系的正向发展，是提升校本德育工作科学性和实现性的创新点和着重点。校本德育目标是指在遵循学校特色发展目标基础上，希望学生思想品德的成长与学校发展愿景的要求相匹配。因为是以学校特色发展为基础，所以校本德育目标必须是具体化和可操作性的，必须围绕学校发展展开。因此，作为一种德育活动，校本德育目标主要在于促进学生的自由生长，通过激活和整合校园内外的各种影响因素，形成一种基于校园文化、核心价值、体现校园育人理念的德育氛围和德育体系，在满足学生发展需要的同时实现德育目标。

首先，学校的校本德育目标设定要充分了解学生、家长、社会的期望，协调各类内外在因素的影响，在主流价值的引导下，努力创建有利于学生个性发展的学校精神文化，将学生作为道德主体，为他们的美好生活做准备。具体来说，校本德育目标包含激发学生道德敏感性、发展学生道德辨识能力以及引导学生进行自我道德体系建构等。

其次，校本德育目标设定要针对教师的现状，一方面通过积极的价值引导和氛围营造，让教师能够走出常规，调整生活心态，使他们愿意去追求一种更为积极向上的生活状态；另一方面通过对教师的德育意识和育人能力的培养和提升，促使教师能够在教学过程中自觉履行育人的职责，将德育也作为自己工作的重要组成部分。

最后，对学校而言，学校各类因素对学生、教师都具有激励或约束作用。因此，校本德育目标要充分朝着有利于学校成员的需要、达成德育培养目标的方向努力，促成学校成为专门的德育组织，对学生进行思想教育，这也是校本德育目标的核心要求之一。

### （三）正确把握人的成长发展规律

1. 正确把握人性的成长发展规律

人的需求随着年龄的增长和周围环境的变化而变化。一般来说，人的需求可以总结为六个阶段：生理需求、安全需求、归属需求、尊重需求、自我实现需求、超越自我需求。[①]人性的成长发展只有经历过以上六个从低到高的阶段才能实现完全的成长。在开展大中小幼一体化德育时，一定要以上述六个发展阶段为依据，构建完整的、科学的、合理的教学体系。人性实现的主要途径就是道德，开展德育的实质也是将人性中的善体现出来。

第一，幼儿阶段的学生正处在需要满足其生理需求和安全需求的阶段，这一阶段是起点；小学、初中、高中阶段的学生正处在需要满足其归属需求和尊重需求的阶段，这一阶段是中间点；大学阶段的学生正处在需要满足其自我实现需求和超越自我需求的阶段，这一阶段是最终点。在上述每一个阶段的教育中都要将德育贯彻进去，用德育来引导学生的行为。

第二，上述划分并非绝对，要根据学生的实际情况来定。这三个阶段是相互联系的，前者为后者打基础，后者是前者的升华。同时，要考虑到教育中出现的个别状况，如个别学生滞后或是超越当前发展阶段的情况等。

2. 正确把握人们道德认知的生成发展规律

人们对道德的认知是通过自身的思维方式来实现的，这决定了一个人能够达到的道德认知上限。在实际生活中，我们可以将道德认知的生成发展分为六个阶段：第一个阶段的特征是奖惩和服从；第二个阶段的特征是工具性的相对

---

① 汤卫华.学校教育中生活与德育关系研究[J].文化创新比较研究，2019，3（35）：30—31.

主义；第三个阶段的特征是社会关系中的人际关系和谐；第四个阶段的特征是社会中存在的法律法规；第五个阶段的特征是人的权利；第六个阶段的特征是社会伦理。开展大中小幼一体化德育时，要以上述人们道德认知的生成发展规律为依据构建教学体系。每一个阶段对道德的认知都是不同的。例如，同样是帮助同学，在不同阶段对为什么要帮助同学的道德认知是不一样的。人们不可能一开始就形成既定的、高层次的道德认知，必须经过一步步提升才能形成一个正确的认知。具体来说，在幼儿园时期，学生的道德认知处于第一、第二阶段，此时，学生的认知是将自己作为中心，对外界行为的判断是以对自己的利弊为依据的。在中小学，学生的道德认知处于第三、第四阶段，这时的学生更注重追求同学之间的和谐与集体氛围的和谐，学生对外界的判断基于是否遵守人与人的和谐而定。在大学，学生的道德认知处在第五、第六阶段，这一时期的学生逐步脱离了外界权威的影响，将个人权利、义务和法律法规作为判断行为的依据。每一个阶段的德育都应以此为依据开展。

3. 正确把握人们道德情感的生成发展规律

第一，人一生下来最先产生的是对母亲的爱，接着在和家人的生活中扩展到对家人的爱，在接触社会的过程中扩展到对同学、朋友的爱。

第二，道德情感不仅包含爱，还包含正义、责任、荣誉等。人们不是一生下来就具有这些情感的，这些道德情感是逐步丰富的。大中小幼一体化德育应根据这个特点，在幼儿时期注重对爱的教育，将爱妈妈作为教育的起点，然后在此基础上逐步扩展到对其他家人、朋友、教师的爱的教育。

幼儿的理解能力有限，在这个过程中教育一定要注重具体化。例如，爱妈妈可以亲亲妈妈、帮妈妈做家务等。在中小学时期，爱的教育应从周围的人向陌生人扩展，再向国家、民族、全球、大自然扩展，让学生明白为什么要爱、怎么去爱。这一时期的德育不应仅局限于爱，还应进行情感的扩展，让学生明白什么是荣誉感、责任感、正义感等，扩展道德情感教育。在大学时期，爱的教育应进一步延伸为博爱，即爱人类、爱自然、爱世间万物。大学生已具有丰富的情感，因此尤其要注重精神教育，这是整个德育的最终归宿。

4. 正确把握人们道德行为的生成发展规律

道德行为的生成包括两个阶段：他律和自律。在他律阶段，人们对自己的行为是没有完全意识的，需要外界力量的约束。在自律阶段，人们对自己的行为已经有了一个正确的认识，自己就会对自己的行为进行约束。幼儿时期，学生的行为处于他律阶段，因此，教师和家长一定要做好榜样教育，通过教师和家长的言行来影响和约束学生行为。在中小学时期，学生正处于过渡时期，教师应尊重学生的行为，注重引导和启发，不要用强权去压制学生，要引导学生发挥自由意志，提升道德评价能力。在大学时期，学生已经形成了较好的自律性，学校要用社会主义核心价值体系来引导学生，积极组织开展各种校内外的实践活动，从而不断完善学生的品格，培养其健全的道德人格。

### （四）设置合理的德育内容

1.德育内容的设置要在改进的同时多加稳固

中小学和大学德育内容的有效一体化，要遵循德育规律以及学生的身心发展和成长规律。德育内容的设置一定要有所进步和改动，在原有基础上有一定的深度和难度，让学生通过学习达到德育内容的规定和要求。德育内容的有效交融应在有所突破的前提下，充分考虑学生的身心特点和可接受性，使学生可以达到，这样才有实际意义。

2.德育内容的设置既要全面又要突出重点

德育内容包括思想内容、道德内容、政治内容、心理内容和法纪内容等方面。根据人的全面发展理论和培养德、智、体、美、劳全面发展的合格建设者和可靠接班人的人才培养目标和要求，为了使德育内容的设置更加全面，就要统筹以上五个方面的内容。但是，全面不代表要"平均用力"，更不是丢弃重点的全面，否则会失去全面的本意。通过以点带面的方法，中小学和大学各个学段可以重点学习某一方面的德育内容，以达到较好的德育效果。

3.德育内容的设置既要考虑社会要求又要做到以学生为本

德育内容的设置不仅应该有助于解决社会性的问题，还要充分考虑到学生个体的实际需求；德育内容不仅应该包括社会公德方面的内容，还应该包括个人品德、家庭美德和职业道德以及生命教育等私德内容，要把"公德"和"私德"、社会与个人紧密结合起来。

4.德育内容的设置既要纵向衔接又要横向贯通

中小学和大学德育内容的合理化，既要在纵向上即小学、中学和大学的衔接，又要有每一阶段内的横向连接。就纵向衔接而言，既要保证德育大纲中规定的德育内容在理论上的衔接，又要做到在现实教育中的相关性，实现小学到中学、中学到大学德育内容的循序渐进。就横向贯通而言，首先，德育内容的设置要有现实性，以学生的现实生活为依据，满足学生的实际需要；其次，德育内容要与其他学科内容相互交融与渗透；再次，要实现思想、政治、道德、心理等方面内容的相互协调，使中小学和大学每个学段的德育内容有一定的侧重点，并相互贯通。

5.德育内容的设置既要有时代前瞻性又要有历史传承性

教育要面向现代化，面向世界，面向未来。德育内容在衔接过程中，还要考虑学生是否可以接受，做到对原有德育内容的传承。当然，德育内容要符合国际化教育的要求，要有远见，紧跟时代步伐，做到与时俱进。另外，德育内容的设置又不能过多地追求新颖和时尚，毕竟教育是一件严肃的事情。

6.德育内容的设置既要有连贯性又要有渐进性

根据人脑结构，人们对德育内容的理解和掌握并不是简单的线性，而是遵循认识与实践结合的规律，经过重复与周期循环而实现的。正因为如此，在小学、中学和大学阶段有必要对部分内容进行一定的重复，然而重复不是简单抄袭，而是一种有深度的借鉴，要符合学生年龄特点和身心发展。

### （五）建立科学的评价体系

德育评价体系包含学校、班级、学生个体等多个层面，推进大中小学德育评价体系的科学性和综合性，有利于推进学校德育管理的制度化和规范化，对全面提升大中小学德育工作的实效性将起到积极作用。作为德育理论发展和德育实践过程相互结合的产物，德育评价体系的重要性显而易见。

首先，要加强德育评价理论的研究。德育评价方法尽管在一定程度上与教育评价的思想、原则和方法有共同之处，但由于涉及思想、观念、习惯等养成，具体的环节还受到被评价者内心体验、心智水平和心理环境等多重因素的影响，所以德育评价将更为复杂。因此，保障德育评价体系科学性的首要任务是针对德育活动的特殊性和复杂性，以具有针对性和创新性的精神推动德育评价理论的发展建设。

其次，要加强德育评价指标的分类研究。明确德育组织中各类要素相互关系的权重定位，以及对德育评价方法的准确选择，以此保证德育评价指标体系能够准确地反映和保证大中小学德育一体化建设的持续性和实效性。我们应以系统的德育评价指标分类构建综合化的德育评价体系，并通过长期的观察修正，实现德育评价指标体系的科学性。

　　最后，要加强德育评价机制的研究。在大中小学各学段德育评价机制的设计和安排中，要充分考虑到各要素的层级关系和主客体关系，以完善的激励和约束机制来保障德育工作各个部门能够有效运行，尤其是在职责设定中，要充分地将德育评价工作与德育实践活动相结合，而不能仅仅将德育评价局限在对德育工作者的考核上。

# 第三节 大中小学德育有效性衔接研究

## 一、大中小学德育有效性衔接的概念

### （一）大中小学德育衔接

这里的大中小学，主要指全日制的大专本科院校、初中、高中、小学，而幼儿园、中专、非全日制高校则不在本节考虑之列。另外，对于大中小学德育的衔接，有的学者把它分为纵向衔接和横向贯通，纵向衔接主要是指不同学段、年级之间的衔接，横向贯通既包括学校内德育与其他课程的衔接，还包括学校德育与家庭德育、社会德育之间的衔接。本书除非特别说明，大中小学德育衔接仅指纵向衔接。

在《现代汉语词典》里，"衔接"的意思是"相互连接"，从字面上看，大中小学德育衔接就是大学德育、中学德育、小学德育相互连接，不彼此孤立甚至相互冲突。如果仅从这一点来审视，现在大中小学德育毫无疑问是衔接的，只是衔接好坏的问题，即大中小学德育衔接是否有效的问题。

### （二）大中小学德育有效衔接

有效是指对象性活动及对象性活动的结果对人自身具有怎样的实际效用。人们对有效性问题的研究，是以认识、判别实践活动结果是否能够有效满足人们的相对需要为驱动，也以提高实践活动有效满足人们需要的程度为目的。大中小学德育是否有效衔接也一样，如果产生合力，合力巨大，我们就可以说大中小学德育是有效衔接的。

在对目前学校德育衔接基本判断的基础上，大中小学德育有效衔接至少有下面几层意思：第一，大中小学德育有一个共同目标，就是培养新时代的社会主义建设者和接班人。第二，大中小学德育有效衔接要求德育有一定的铺垫，为下一阶段德育工作打下基础。第三，大中小学德育衔接一定要有一种机制来保证衔接的有效，这种机制必须运转协调，才能确保衔接的顺利。

## 二、大中小学德育有效衔接的标准

大中小学德育衔接的状况直接关系到德育的实效性，只有有效的德育衔接才能确保德育效果最大化。但是究竟什么才是有效的德育衔接呢？怎样判断德育衔接是否有效呢？有效强调的是一种尺度，是对满足需要、实现目的的一种肯定性判断。伴随着人类实践活动的产生与发展，人的"头脑也一步一步地发展起来，首先产生了对影响某些个别实际效益的条件的意识，而后来在处境较好的民族中，则自此产生了对制约着这些条件的自然规律的理解"[①]。效用尺度也就成为人类实践活动中所内含的一项基本意识。在现实生活中，人们对任何实践活动有效性的感知与评判，最直接的依据便是这一实践活动结果的有效性。人们对实践活动有效性的追求，其落脚点也正在于这一实践活动结果的有效性。人们格外关注有效性问题的原因就是想看实践活动的结果能否有效满足人们的相应需要、实现既定目的，能否想办法进一步提高实践活动有效满足人们需要、实现既定目的的程度。

大中小学德育有效衔接就是对不同学段德育衔接状况的一种肯定性判断或者评价。正是因为人们对目前德育实践结果不甚满意，才越来越关注大中小学德育衔接问题。搞好大中小学德育衔接，就是为了满足学生的道德精神需要，为他们的全面发展服务，培养担当民族复兴大任的时代新人。广大德育工作者和德育研究者关注大中小学德育衔接问题，就是想把握大中小学德育衔接的规律，在德育实践中搞好大中小学德育衔接，提高德育的实效。

怎样判断大中小学德育衔接是否有效呢？这就需要一个标准。确定这样一个标准是必要的，首先，大中小学德育有效衔接的标准可以作为监测、评估或评价德育活动的一种手段和工具，可以衡量德育活动是否符合一定的要求和规范，以及是否达到了必要的水平和目标；其次，它可使德育系统内部不同学段的教育活动彼此进行沟通与交流、过渡与交换、认同与联系。

---

① 中共中央马克思恩格斯列宁斯大林著作编译局.马克思恩格斯选集：第4卷[M].北京：人民出版社，1995：274.

## 三、大中小学德育有效衔接的策略

### （一）建立健全的大中小学德育体系

1. 丰富德育内容

丰富的德育内容需要一个依托，德育教材就是德育内容的载体，有好的相互衔接的德育教材才能更好地实施教学，才能收到德育良效。

编写相互衔接的德育教材，除了内容上应该避免重复外，还应该特别注意三个方面：一是德育内容的层次性，应该根据不同教育阶段学生的年龄特征和思想道德水平而确定不同层次的内容和要求。小学强调的是启蒙，要求形象；中学强调的是奠基、初始，应要求可读；大学强调的是成熟和理性，要求具有思考的空间。二是德育内容要贴近实际，符合时代精神。要根据学生的生活实际和社会现实情况，根据时代需要，考虑 21 世纪社会发展的趋势来确定内容，这样学生才会感兴趣，德育才能收到实效。三是德育内容要由小及大、由近及远、由行为到理论。德育内容应该从身边的例子和道理入手，从家庭、学校到社会，再到行为习惯养成，逐步深化。

2. 强化德育评价，督导德育衔接的实施

不断加强德育评价可以了解各级各类学校德育衔接的状况，可以有力地促进德育衔接工作的开展。因此，要做好大中小学德育衔接，应该加强德育评价。

德育评价的范围应该包括德育管理部门、学生、学校和教师，应该有效果地评价，有德育条件、德育过程地评价；应该有内部评价，有外部评价。德育评价最关键的就是构建一个科学的德育评价体系，这是一个系统工程，是一个意义重大的工程。德育评价要真正发挥作用，就要重视德育评价的结果，要把德育评价的结果纳入学校获得教育资源的考虑因素之中，要把德育评价的结果纳入教师评定职称、提拔培养的考虑因素之中，要把德育评价的结果作为检验和衡量各级教育行政领导执政能力与能否办好人民满意的教育的重要尺度和标准。

3. 加强德育情况交流工作

要搞好学校德育衔接工作，需要德育队伍分工协作，共同努力，有必要建立大中小学间的联系沟通制度。生源有联系的大中小学之间，要经常进行互访、反馈、及时改进工作，增强相互衔接；建立区域内大中小学之间互相开放的制度，整合、优化德育资源；建立区域内大中小学德育教师骨干队伍间的经验交流制度，促进相互学习、相互借鉴；建立学生成长记录制度，作为学生成长历程的原始记录，为升学、就业提供重要依据；建立德育工作责任追究制度，对提供不实档案材料的责任人要视情节轻重追究行政或法律责任。

### （二）促进学校、家庭、社会德育形成合力

1. 学校、家庭、社会德育的协调配合

德育作为社会主义精神文明建设的重要组成部分，与社会发展有着密不可分的关系。我们要促进学校、家庭、社会德育衔接，将学校、家庭、社会共同纳入德育主体之中。以学校为主，联合家庭、社区建立共同育人的新教育模式，进而建立学校、家庭、社会德育的目标衔接、内容衔接、途径衔接、方法衔接、管理衔接、人员衔接的德育衔接体系。社会环境瞬息万变，如何在德育过程中既保持大中小学各个阶段德育的稳定性、层次性，又保持与社会发展的适应性，就要求大中小学德育对社会发展保持一定的敏感度，始终与社会发展相契合，促进学校、家庭、社会德育的整合。社区是社会有机体最基本的构成内容，是宏观社会的缩影。随着社区功能的不断增强，社区也成为实施教育活动的主体之一。首先，学校、家庭、社区联合，可以利用本地区的网络平台、宣传栏、有线电视等，结合一个时期的社会热点，开展生动、有趣的教育活动，提高德育实效性。其次，社区自办德育网站，学校、家庭共同参与管理，加强沟通了解，总结教育经验。最后，班主任可以开通微博、微信，邀请学生、家长、社区人员共同参与，通过这些平台拉近彼此之间的距离，发布相关教育信息，共同探讨学生品德发展问题，共同研究实施教育的内容、途径与方法。

学校不仅需要完成育人机构需要完成的道德教育任务，还需要尽可能履行家庭、社会的部分育人功能，需要学校、家庭、社会、政府等多部门的齐抓共管。单亲家庭、重组家庭所面临的不仅仅是物质生活的问题，更多的是精神层面的认同问题，要消除社会对单亲家庭、重组家庭的负面印象，改变对这类家庭成员的偏见，在全社会确立单亲家庭、重组家庭是一种正常家庭的观念取向，只有这样才能促进单亲家庭、重组家庭在社会中的适应与发展，有利于单亲家庭子女、重组家庭子女的身份认同，促进家庭成员之间亲密关系的建立。

学校也应该留意这一类学生的思想品德发展，及时和家长保持沟通，增加对他们的心理疏导，经常了解情况，及时疏导。学校应建立"留守儿童"的管理档案，记录他们的成长轨迹，留意他们的日常生活。社区也应该建立相应的邻里村组之间的互动小组，建立以机关干部、中小学教师、医护人员等为主体的"关爱服务队"，帮助他们解决生活、学习上的困难。

2. 学校、家庭、社会德育应各有侧重

学校德育侧重系统性、完整性。学校作为国家成立的专门的教育机构，有经过专门训练的教师，有固定的教学时间和教材，在长期的教育发展中形成了一套相对科学、稳定的教育方法与途径。学校按照国家的教育方针，培养合格人才，学生在学校的课程和活动是有组织、有计划、循序渐进进行的，学校德育在学生品德结构上的发展尤其是在认知上有着绝对优势，这是家庭和社会德育所不能比拟的。同时，学校德育对家庭、社会德育具有指导意义，家庭、社会应以学校德育为准绳开展德育工作。

家庭德育侧重个性化。一方面，家庭作为学生的主要活动场所，家庭德育通过潜移默化的影响渗透在家庭生活之中。孩子在与家庭成员的朝夕相处中，在与父母、亲友、邻里的日常交往中，习得道德观念的理解和行为规范的认同，在耳濡目染中受到教育。家庭的经济状况、家庭成员之间的关系、家长的行为习惯都透露着道德的影响，这种影响是长期而深刻的。另一方面，家庭中人员较少，相对于学校德育"一对多"的教育行为，家庭德育倾向于对个体进行"多对一"的关照，家庭德育可以将学校德育进一步具体化、个性化。由于家庭德育内容、方法都是融合在家庭成员之间的亲情之中，容易产生丰富、愉快的情感体验，有利于学生道德情感和道德意志的培养。

社会德育侧重于动态性、复杂性、开放性，是对学校德育的延伸，也是家庭德育的扩充，是学校、家庭德育的实践基地。随着年龄的增长，学生接触到的社会范围逐渐扩大，教育工作者应该主动与社会各方密切合作，积极调动社会力量为学生提供良好的德育环境，如组建社区教育委员会，建立德育活动基地。新时期，随着网络的迅速发展，网络成为学校、家庭、社会德育的进一步延伸，也是德育现代化的必然趋势。广大教育工作者应该理性应对这一发展态势，尝试利用网络开展思想道德教育，正确引导和规范学生行为，如开展网络德育课、网上咨询答疑、网上家长课堂等，培养学生自觉建立网络道德意识，提高道德判断能力。

# 附　录

倡君子之风　行君子之道——君华国际学校"君子文化体系"德育模式构建

## 一、君华国际学校简介

金华市外国语学校金义分校君华国际学校，位于浙江省第四大都市区、浙中城市群核心区金义都市新区，是浙中地区 12 年一贯制民办国际化学校。学校占地 207 亩，投资规模约 8 亿元人民币，建筑面积 14.6 万平方米，可容纳全寄宿中小学生 3 200 人。

学校由晟泰教育投资集团有限公司（北京）投资，金华市外国语学校组建管理团队和师资队伍并负责办学。学校有小学 54 个班（班额 20 人），普通中学 30 个班（班额 20 人），国际中学 30 个班（班额 20 人）。一期工程于 2018 年 5 月交付使用，秋季正式招收小学、初中学生。二期工程于 2020 年建成并投入使用。君华国际书院、游泳馆、文化艺术中心将共同为君华学子创造无与伦比的运动和艺术表现的广阔天地。

君华国际学校以金华市外国语学校成功办学经验和优异升学成绩为根基，以晟泰教育"塑造君子品格、培育国际人才"育人理念为圭臬，以世界各国文化精髓和当代科学技术成就为核心，秉持"博雅致臻"之校训，倡导师生践行"新六德"（温、良、恭、俭、让、勇）、研习"新六艺"（礼、乐、射、御、书、数），致力于培育具有"三博"（博学、博志、博爱）、"三雅"（雅容、雅品、雅趣），即德、智、体、美、劳全面发展的"新君子"，和具有民族情怀及全球视野的精英人才。君华国际学校将倾力打造有灵魂、有特色的优质民办国际化标杆学校，使之成为造福乡梓、泽被后人的传世名校。

君华国际学校提供从小学到高中的完整课程体系，以学术传承深厚的剑桥国际考试委员会（CAIE）英式课程为主线，采用沉浸式的中英文双语教育教学模式，随学段升高逐渐加大双语教学比例，从小学段 30% 左右外教课时过渡到中学国际部 70% 左右外教课时，从小学段的情景型主题式教学到初中段知识整体构建，到高中段浸入式英语思维、批判性思维和价值观构建，使学生通晓中英双语，享受多元文化的教育氛围，并作为一个学习者和参与者共同促进自我和世界更美好的发展。

## 二、君子文化基本内涵

### （一）"君子"渊源

"君子"一词历史悠久，在先秦典籍中即被广泛使用，如《周易》《诗经》和《论语》。"君，尊也。从尹。发号，故从口。""尹"，表示治事；"口"，表示发布命令。合起来就是发号施令，治理国家。

随着人类社会的发展，"君子"便具备更深厚的道德内涵，泛指有德之人，或有德且配位之人。"君子坦荡荡，小人长戚戚。"因为"君子"的含义即现在就是或者未来将是德才配位之人，所以"君子"便逐渐有了引申之义。一是被用来称呼夫君，表达对夫君的信任和鼓励，如"未见君子，忧心忡忡"。二是被用来尊称别人，或者比喻某些具备"君子"德性的物，如莲花被誉为君子，因为它像君子一样出淤泥而不染；竹子也被誉为君子，因为它像君子一样宁折不弯。

### （二）君子文化的内涵

君子如果仅仅指某个人或群体在社会中的尊崇地位，则是政治学与历史学等研究的范畴。但是君子的含义在社会的发展中逐渐成为一种自成体系的独特文化，所以便成为中国哲学以及中国传统文化领域一幅绚丽的画卷，其包含的丰富意蕴对今天的我们依然有很大的启发和继承意义。《论语》中对"君子"的阐述最为直接和全面。所以，一般来说，君子文化要溯源的话，首先就要对《论语》中的"君子"之义做剖析，并辅助于历代注疏等。

第一，君子之至德——仁。孔子面对诸侯争战的混乱局面，提倡"复礼"，即恢复周朝时建立的礼仪规范来维护社会秩序。如何"复礼"？要靠"仁"。"人而不仁，如礼何？"所以，"礼"与"仁"成为孔子思想的核心内容。颜渊问仁，子曰："克己复礼为仁。一日克己复礼，天下归仁焉。为仁由己，而由人乎哉？"就是说仁与礼是统一的，克己复礼就是仁，仁与礼是天下的最终归宿。那么，仁和礼的实现当然离不开人，或者说离不开某个群体，即君子，所以，君子就成为孔子的理想人格。"君子无终食之间违仁，造次必于是，颠沛必于是。"就是说，君子无论何时何地都做到仁，这也是孔子所提倡的德性之至，而且做到仁最好是君子发自内心的主动，"我欲仁，斯仁至矣"。

君子可以为了这至高的道德终生以求，甚至可以牺牲自我，"志士仁人，无求生以害仁，有杀身以成仁"。子贡问孔子："伯夷、叔齐何人也？"子曰："古之贤人也。"又问："怨乎？"对曰："求仁而得仁，又何怨。"求仁得仁，哪怕身死，也无怨无悔。

只有君子先做到至德，才能引领整个社会向仁、向礼、向善的方向迈进，"君子笃于亲，则民兴于仁；故旧不遗，则民不偷"。"子为政，焉用杀？子欲善而民善矣。君子之德风，小人之德草。草上之风，必偃。""孔子用心理原则的'仁'来解说'礼'，实际就是把复兴'周礼'的任务和要求直接交给了氏族贵族的个体成员（'君子'），要求他们自觉地、主动地、积极地去承担这一'历史重任'，把它作为个体存在的至高无上的目标和义务。"① 这也是君子的最大价值所在。

第二，君子的行事标准——义。"君子义以为上。"何谓义？《中庸》曰："义者，宜也。"韩愈曰："行而宜之之谓义。"也就是说，义就是宜，就是应该。君子行事的标准无他，就是行为本身正当与否，"君子之于天下也，无适也，无莫也，义之与比"。反之，不义的事情坚决不做，"不义而富且贵，于我如浮云"。

第三，君子的处世智慧——中庸。君子还要能做到中庸，这是一种高级的处世智慧。"中庸之为德也，其至矣乎！民鲜久矣。"《中庸》曰："君子中庸，小人反中庸。君子之中庸也，君子而时中；小人之中庸也，小人而无忌惮也。"程颐说："不偏之谓中，不易之谓庸。"朱熹又注："中者，不偏不倚，无过不及之名；庸，平常也。"子贡问："师与商也孰贤？"孔子曰："师也过，商也不及。"曰："然则师愈与？"孔子曰："过犹不及。"可见中庸就是恰到好处，能够根据具体情况灵活运用。

---

① 李泽厚．中国古代思想史论 [M]．天津：天津社会科学院出版社，2003：19．

第四，君子的精神气质——乐。子贡问："贫而无谄，富而无骄，何如？"子曰："可也。未若贫而乐，富而好礼者也。""贫而乐"，即身处贫困而不改其乐，当然富而好礼是最好的，如果不能，其次便是安贫乐道，再其次才是贫而无谄，富而无骄。孔子称赞颜渊是这样的人："贤哉，回也！一箪食，一瓢饮，在陋巷，人不堪其忧，回也不改其乐。贤哉，回也！"富而乐当然容易，贫而不乐也是人容易出现的，唯有贫而乐是难的。"君子之学，非为通也，为穷而不困，忧而意不衰也，知祸福终始而心不惑也。"不管是富还是贫，都不能动摇意志，才是君子所为。

第五，君子是怎样炼成的。按照以下方法即可修为君子："有君子之道四焉：其行己也恭，其事上也敬，其养民也惠，其使民也义。""君子道者三，我无能焉：仁者不忧，知者不惑，勇者不惧。""君子义以为质，礼以行之，孙以出之，信以成之。君子哉！"子路问成人，子曰："若臧武仲之知、公绰之不欲、卞庄子之勇、冉求之艺、文之以礼乐，亦可以为成人矣。"就是说，有知、有廉、有勇、有艺、有乐，就是个君子了。

另外，君子还要"志于道，据于德，依于仁，游于艺"。"兴于诗，立于礼，成于乐。"同时要注重外在的文采，只有文质兼备、内外双修，才称得上君子，"质胜文则野，文胜质则史。文质彬彬，然后君子"。"君子所贵乎道者三：动容貌，斯远暴慢矣；正颜色，斯近信矣；出辞气，斯远鄙倍矣。""见贤思齐焉，见不贤而内自省也。""三人行，必有我师焉。择其善者而从之，其不善者而改之。""非礼勿视，非礼勿听，非礼勿言，非礼勿动。""君子有三戒：少之时，血气未定，戒之在色；及其壮也，血气方刚，戒之在斗；及其老也，血气既衰，戒之在得。"

孔子还从君子与小人的对比中，详细论述了君子应该怎么做、不应该怎么做。"君子怀德，小人怀土；君子怀刑，小人怀惠。""君子喻于义，小人喻于利。""君子固穷，小人穷斯滥矣。""君子周而不比，小人比而不周。""君子泰而不骄，小人骄而不泰。""君子和而不同，小人同而不和。""君子成人之美，不成人之恶，小人反是。""君子求诸己，小人求诸人。""君子不可小知而可大受也，小人不可大受而可小知也。"这些都是君子在德性方面的具体要求。

君子的标准，总结起来是恭、敬、惠、义、仁、知、勇、礼、信、艺、乐等，还要不断反省，向别人学习。

君子是孔子忧患现实的理想表达，体现了孔子的政治理想，从此以后，君子成为志士仁人的追求目标和为人典范，君子文化成为传统社会的主流文化之一，君子之风世人仰扬，伴随着中华民族逾越千年不衰，直到如今。

## 三、君子文化建设启动仪式

君华国际学校"君子文化"建设启动仪式活动方案

### （一）时间

2018 年 12 月 12 日（周三）上午 9∶10

### （二）地点

学校田径场

### （三）参加人员

君华国际学校全体师生（小学部＋初中部）

### （四）程序

1. 9∶15　君华国际全体师生田径场集中；

2. 9∶20　升旗仪式（初中部）正式开始，学生主持→出旗、升旗；

3. 9∶25　学生代表讲话（小学＋初中各 1 人；主题：读《君子之道》，弘君子文化！）；

4. 9∶35　学校领导为各班级授书《君子之道》，各班代表（班长）上台；

5. 9∶40　李校长主题动员讲话——"君子文化"活动启动；

6. 9∶45　全体师生齐唱校歌；

7. 9∶50　学生主持上台，简要结束语，活动结束，学生有序回班。

### （五）分工

1. 场地负责：潘跃境、朱金涛；

2. 人员培训：郭玲伶、方　磊；

3. 国歌指挥：苏　珏、尹　陶；

4.音响保障：谷　磊、杨学本；

5.讲稿审核：陈巧芳、李　晨；

6.宣传报道：贺　莹、李　媚；

7.学部协调：傅　霞、张志良；

8.总负责人：李武南、陈晓岚。

君华国际学校

2018 年 12 月 5 日

## 四、君华国际学校初中部"君子文化"构建方案

弘扬君子文化，立德立人立校

——君华国际学校初中部"君子文化"构建方案

（2018 年 11 月 4 日）

### （一）缘起

1.君华之校训

塑造君子品格，培育国际人才！

2.学子之现状

志不明，意不坚，行不觉，学不勤！

3.发展之需要

学校定位如此，学生定型需要，社会家长期待！（学校特色、内涵发展之需！）

### （二）设想

1.活动一：师生同读，营造氛围——《君子之道》

（1）2018 年 12 月为"师生读书·学习月"，主打阅读书籍《君子之道》，2008 年 12 月 10 日（周一）升旗仪式正式启动，李校长讲话等（具体方案另定）；

（2）第一段集中读书时间，2018 年 12 月 16 日前阅毕，有时间可再参阅其他君子主题书籍；

（3）各班由家委会负责统一购买《君子之道》并分发学生阅读；

（4）班主任和语文组可安排周末和晚阅读期间进行相关主题阅读。

2.活动二：师生共品，激发情感——君子讲坛

（1）2018 年 12 月 17 日（周一）始每周一下午 15：20—16：20 举行"君子论坛——读书交流会"。

① 2018 年 12 月 17 日第一期：6 个学科组内交流，各先推 1 人参加学部交流。

② 2018 年 12 月 24 日第二期：语、数、英、科、社、综、学生各推 1 人开讲，7 人交流。

要求：第一，每人交流时间 8 ～ 10 分钟；第二，原则上要求有 PPT 配合呈现；第三，最终要交文字稿结集；第四，每班各选荐 5 位学生参与鉴赏；第五，无特殊情况，并未经校长室批准，一律不得请假、迟到，准时开讲；第六，鉴赏地点在 3 号楼 1 楼观摩教室，年级组提前布置好场地。

③ 2019 年 1 月 1 日第三期：元旦放假回校，召开学生大会——共赏经典，喜迎新年！

第一，主题演讲比赛："我心目中的君子"；第二，其他迎新事项。

（2）2019 年 1 月 1 日（周二），每位师生上交一篇读书（征文）心得（电子稿和打印稿各一，各班主任和年级组负责收齐），学校将进行公正评比，下学期期初进行颁奖。

3.活动三：师生共研，厘定标准——"何为君子"君子标准大讨论

（1）2018 年 12 月 9 日、12 月 16 日，各班连续两周（次）举行相关的主题班会；

（2）2018 年 12 月 23 日，各班举行"我心目中的君子"演讲选拔比赛，各推荐 1 ～ 2 人参加元旦晚上的校级主题演讲比赛；

（3）2019 年 1 月 2 日，各班上交"君子标准大讨论"——君子标准定稿（本班）；

（4）政教处、团委、年级组协同语文组最终确定学校的"君子十大标准"。

4.活动四：发掘君子，主题演讲——"我心目中的君子"

（1）政教处、团委负责制定评比方案，可在 2019 年 1 月 1 日晚学生大会进行；

（2）年级组负责场地的安排、音响的准备等。

5.活动五：社会实践，修身重行——元旦小长假：我君子我践行……

（1）在前几期阅读《君子之道》及主题班会大讨论的基础上，利用元旦小

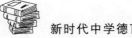 

长假，自觉践行君子之行为，并用实践报告、图片、美篇等形式呈现，同时配合金华"全国文明城市"的创建活动；

（2）社会备课组负责制定相关社会实践活动方案，替代书面作业；

（3）元旦后，进行社会实践活动成果评比，对优秀成果进行表彰，并展示交流。

## （三）后续

1. 下学期，在本学期大讨论并初步确定"君子标准"的前提下，继续开展"君子，我做到了吗？"自我对标活动，并进行班级的大展示、大评比活动。

2. 邀请《君子之道》作者前来举办专家讲座，并举行征文颁奖仪式，深化认识，启动新一期活动。

3. 与"君子"相关的学习、讨论活动可与期末系列学生荣誉的评比、奖学金的发放等对接，让"君子文化"在君华国际学校（初中部）扎根、发芽、结果。

4. 初步构建并逐步完善君华国际学校"君子文化"的育人体系。例如，君子"健魄"——运动健康；君子"励志"——立志励精；君子"尚学"——有效课堂；君子"崇礼"——知书达礼；君子"笃行"——修身重行；君子"仁爱"——和谐共生；等等。

君华国际学校初中部

2018 年 12 月 4 日

## 五、君华国际学校"君子文化"活动学生作品展示

### （一）学生演讲展示

做一个有君子之风的君华学子

——读《君子之道》有感

老师们、同学们：

大家好！

我是来自七年四班的周韵，很荣幸能够站在这里，与大家分享和交流一点

点自己的体会！

读完《君子之道》，相信大家对"君子"都有了一个初步的认知，也都想争当君子之为。但我认为，首先我们需要分辨什么样的行为才是君子之行为，什么样的行为不是君子之行为，这样我们才能不断取长补短，完善自己。

很多同学可能会想：我们怎么能够分辨出来呢？那么我想先问大家一个问题：你认为闯红灯的人是君子吗？（停顿……）

昨天是星期天，我就遇到了这样的一个人，他不仅闯了红灯，还随手扔下了半瓶未喝完的牛奶盒，扬长而去。大家肯定都知道，这不是君子所为。《君子之道》中有这样一句话："君子怀刑，小人怀惠。"意思是君子想到的都是法律、规则，而小人想到的只有自己的实惠和便利。他心中完全没有交通法规，想到的只有闯红灯给他带来的一些便利。在这个故事中我们分辨出了哪些不是君子所为，"见贤思齐焉，见不贤而内自省也"，如此我们便能成为一个君子。

作为一名君华学子，在日常的学习、生活中，有许多反例能引起我们的反思：你做到在自习课上不随意讲话了吗？你做到不跑步进食堂了吗？你做到认真完成每一门功课的作业了吗？你做到随手捡起地上的垃圾了吗？……这些事情还有很多，如果没有做到这些，我认为，那都不能称之为一个真正的君子。当一个君子，就要从这些小事做起：在自习课上，聚精会神、专注投入，克制自己不随意讲话，并且要示意他人保持安静；在做每一件事情之前，都要再三思考自己做这件事情到底是不是对的；对待每一门功课都要认真，做到问心无愧；路上见到垃圾，尽管那不是自己扔的，我们也应当俯身捡起并扔进垃圾箱。在我们的生活中发现问题，及时改正，并且让这些改正后的事情慢慢成为自己的生活习惯。

过去的已经过去了，以前能否做到对于现在来说不重要，但我希望，我们都能从今天开始，一起努力，做一个受人尊敬、有君子之风的君华学子！

谢谢大家！

（二）其他作品展示

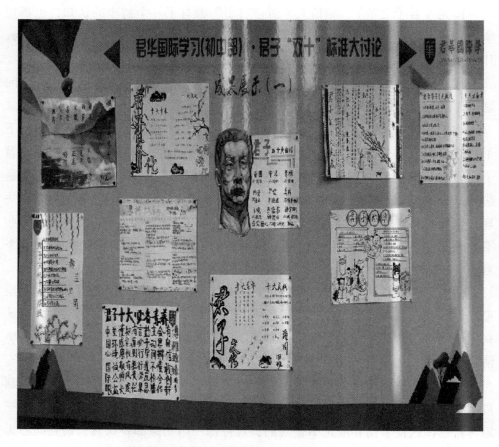

图1　君华国际学校（初中部）·君子"双十"标准大讨论

图 2　君华国际学校（初中部）·"我眼中的君子"征文比赛获奖展示

## 六、君华国际学校（初中部）君子文化建设纪实

兴君子文化、倡君子之风、行君子之道
——君华国际学校（初中部）君子文化建设纪实

　　习近平总书记指出，优秀传统文化是一个国家、一个民族传承和发展的根本，如果丢掉了，就割断了精神命脉。

　　"君子"一词源自《易经》，本义是指有学问、有修养的人。《论语》中多次细致刻画了君子形象，如"三戒""三畏""九思"等，提出了君子的言行标准；"文质彬彬，然后君子""君子怀德，小人怀土""君子周而不比，小人比而不周""君子耻其言而过其行"等，提出了君子的道德修养要求。据钱念孙先生统计，《周易》中提到"君子"53次，《论语》109次，《孟子》82次，《荀子》304次，《诗经》180次，由此可见"君子"在儒家文化中的地位。

中华优秀传统文化博大精深，集中体现为对理想人格的追求。君子就是中华优秀传统文化的理想人格，是中华民族道德经验和道德情感的人格体现。从先秦到近代，中国人从来都是以君子的标准来品评人物、砥砺人格的，"修己安人""内圣外王"的君子层出不穷。

历经数千年的发展积淀，"君子"已成为中国人最独特的文化标识，是中华民族的理想人格。中国人的价值标准和人生追求，便是做君子，不做小人，君子之道是中华文明的重要组成部分。君子文化携带着中华民族的道德基因，养护着中华民族的道德理想，传承着中华民族的道德血脉。

人无德不立，国无德不兴。君子文化历久而弥新、古老而鲜活，至今仍具有旺盛的生命力，是我们今天立人兴国的道德基础。当今社会尽管发展迅速，文化多样，但只要是中国人，不论居庙堂之高，抑或处江湖之远，哪怕是目不识丁的山村老农，都乐于被人看作君子，而绝不愿被人视为小人。"君子一言，驷马难追。""君子爱财，取之有道。""君子动口不动手。""近君子远小人。"这些至今活在人们口头的君子格言，已不同程度地成为中华儿女做人做事的人生信条。每一个中华儿女身上都传承着君子人格的干细胞，它以一种习用而不察、日用而不觉的方式，规范和调整着我们观察事物、思考问题、为人处事的视野、心态、作风与格调。

君华国际学校（金外金义分校）以"塑造君子品格，培育国际人才"为育人理念，秉持"博雅致臻"之校训，倡导师生践行"新六德"（温、良、恭、俭、让、勇）、研习"新六艺"（礼、乐、射、御、书、数），致力于培育具有"三博"（博学、博志、博爱）、"三雅"（雅容、雅品、雅趣），即德、智、体、美、劳全面发展的"新君子"，和具有民族情怀及全球视野的精英人才。

子曰："质胜文则野，文胜质则史。文质彬彬，然后君子。"君子文化是涵养社会主义核心价值观的重要源泉，在培育和践行社会主义核心价值观中具有重要作用。我校——君华国际学校以"君子文化"成就学校的宏伟蓝图，学校师生同心山成玉、协力土变金，在教育路上把"礼文化"之芳香萦绕人心！

君子，代表着正知、正念、正能量。我校将持续开展君子教育活动，并在教师、家长君子文化学习层面有所突破，在孟子思想和匡衡读书文化上深入探索，形成君子文化教育体系，为培养"尚德立行、心怀天下"的未来建设者打下坚实的基础。

——它倡导的人生价值，是以关爱社会、推进文明为其理想追求；

——它倡导的人生态度，是以遵德守法作为自身行为的取舍标准；

——它倡导的行为方式，是将自身道德完善与社会责任义务实现紧密结合在一起。

云山苍苍，江水泱泱，君子之风，山高水长。正是山高水长的君子之风，让我们的中国文化外润而内坚，堂皇而浩荡！

让我们共同努力，在新的历史条件下，继承和弘扬君子文化，让君子文化再绽时代异彩！

# 参考文献

[1] 张颖. 浅析德育教育对学生发展的重要性 [J]. 中外企业家，2020（14）：204.

[2] 徐廷福，刘崇民，江净帆. 教育学 [M]. 上海：上海交通大学出版社，2014.

[3] 陈妍. 青少年道德发展阶段分析——基于科尔伯格道德发展阶段理论 [J]. 现代交际，2020（7）：142—143.

[4] 龚欣雨，刘晓莉，马翰林. 社会学习理论视角下亲子体育旅游发展路径探析 [J]. 鞍山师范学院学报，2020，22（2）：47—51.

[5] 马杰. 浅析中学德育教育的困惑及对策 [J]. 亚太教育，2016（6）：180.

[6] 李琰. 影响中学德育的社会环境因素分析 [D]. 呼和浩特：内蒙古师范大学，2002.

[7] 陆璐. 构建学校、家庭和社会一体化的德育模式初探 [J]. 中国校外教育，2014（1）：2.

[8] 胡增岩. 构建大中小学一体化德育教育模式分析 [J]. 才智，2014（29）：72.

[9] 阎美凤. 构建大中小学一体化德育教育模式 [J]. 价值工程，2011，30（2）：259.

[10] 汤卫华. 学校教育中生活与德育关系研究 [J]. 文化创新比较研究，2019，3（35）：30—31.

[11] 张益，罗艺. 大中小学德育一体化探析 [M]. 上海：上海书店出版社，2016.

[12] 吕晓霞. 大中小德育一体化保障体系研究 [D]. 上海：上海师范大学，2017.

[13] 郑爱敬. 当前中学德育管理中存在的问题与对策研究 [D]. 石家庄：河北师范大学，2016.

[14] 胡增岩. 吉林省大中小学德育一体化的研究 [D]. 长春：长春工业大学，2016.

[15] 程鸿宇. 民办高中德育管理中存在的问题与对策研究 [D]. 大连：辽宁师范大学，2018.

[16] 李晓东. 新时代中学德育课程的发展及其应对策略 [J]. 中国德育，2018（4）：26—30.

[17] 黄佳运.中小学德育评价体系研究 [D].昆明：云南师范大学，2016.

[18] 徐学莲.中学语文教学中的德育渗透 [J].池州学院学报，2008，22（4）：148—149.

[19] 朱永新，李学农.中国教育改革大系·德育卷 [M].武汉：湖北教育出版社，2016.

[20] 李季，贾高见.中学德育问题与对策 [M].北京：中国轻工业出版社，2014.

[21] 朱家存，李福华.中学教育基础 [M].芜湖：安徽师范大学出版社，2016.

[22] 解鑫.大中小学德育的有效衔接研究 [D].银川：宁夏大学，2016.

[23] 钟倩，张文标，肖森.大中小学德育衔接问题及对策研究 [J].学理论，2017(8)：231—233.

[24] 叶雷.大中小学德育衔接问题研究 [D].武汉：华中师范大学，2005.

[25] 吕文华.大中小学德育有效衔接研究 [D].大庆：东北石油大学，2016.

[26] 刘军霞，陈继发.刍议中学数学教学中渗透德育的意义 [J].中学教学参考，2016（8）：28—29.

[27] 阮健，王俊.君子文化融入学校德育的实践 [J].广西教育，2020（9）：45.

[28] 胡小燕.甘肃省构建大中小幼一体化德育教育模式 [J].佳木斯职业学院学报，2020（4）：83—84.

[29] 任园，陈宁.改革开放 40 年中学德育课程回顾与展望 [J].思想政治课教学，2018（12）：4—8.

[30] 程晓.当代中学德育工作评价研究 [D].南昌：江西师范大学，2003.

[31] 翁铁慧.大中小学课程德育一体化建设的整体架构与实践路径研究 [J].上海师范大学学报（哲学社会科学版），2018，47（5）：5—12.

[32] 李雪颖.新时代背景下中学德育教育的创新研究 [D].开封：河南大学，2013.

[33] 冯松.我国中学德育课程改革的现状、问题与对策研究——以信阳市 A 中学为例 [D].信阳：信阳师范学院，2014.

[34] 孙丹.我国现阶段中学德育评价问题浅析 [J].高考，2015（8）：120—121.

[35] 刘咏梅.浅谈中学地理课堂教学中的德育渗透 [J].地理教学，2016（6）：46—48.

[36] 张海福.在中学音乐教学中渗透德育教育的探索 [J].中学生作文指导，2019（29）：127—128.

[37] 冯琳.在中学信息技术课中对学生进行德育教育初探 [J].中国人民教师，2006（4）：131—132.

[38] 周毅.在中学美术课堂教学中有效渗透德育教育的研究 [J].中国校外教育（中

旬刊），2018（10）：32，37.

[39] 侯艳芳．新时期君子文化创新发展研究 [J]．河南科技学院学报：社会科学版，2019，39（3）：72—75.

[40] 包迪．中学英语教学中的德育教育 [J]．新教育时代电子杂志（学生版），2019（19）：1—2.

[41] 贺崇庆．中学体育教学渗透德育策略探究 [J]．中学教学参考·文综版，2020（1）：40—41.

[42] 张艳凤．中学历史教学如何渗透德育教育 [J]．读写算（教师版）：素质教育论坛，2014（32）：64，117.

[43] 张秀芳．中学德育课程改革的困境和对策研究 [J]．中国校外教育（上旬刊），2018（2）：75，77.

[44] 李泽厚．中国古代思想史论 [M]．天津：天津社会科学院出版社，2003.

[45] 聂新明．新课改下初中德育教育工作中存在的问题及创新型对策探究 [J]．试题与研究：教学论坛，2017（8）：25.

[46] 刘怡蔓．中学德育管理问题与对策研究 [D]．天津：天津师范大学，2006.

[47] 王简．中学德育管理存在的问题及对策 [D]．新乡：河南师范大学，2015.

[48] 詹万生．整体构建德育体系总论 [M]．北京：教育科学出版社，2001：4.